简单化

产品、服务、程序设计的核心策略

Simplicity

［德］
克里斯·布吕格（Chris Brügger）
米夏埃尔·哈特申（Michael Hartschen）
伊里·舍雷尔（Jiri Scherer）
著

刘袁 译

中国友谊出版公司

图书在版编目（CIP）数据

简单化 /（德）克里斯·布吕格，（德）米夏埃尔·哈特申，（德）伊里·舍雷尔著；刘袁译. -- 北京：中国友谊出版公司，2021.6

书名原文：Simplicity

ISBN 978-7-5057-5217-7

Ⅰ.①简… Ⅱ.①克… ②米… ③伊… ④刘… Ⅲ.①管理学 Ⅳ.①C93

中国版本图书馆CIP数据核字(2021)第090578号

著作权合同登记号 图字：01-2021-4176

Published in its Original Edition with the title
simplicity.: Starke Strategien für einfache Produkte, Dienstleistungen und Prozesse
Author: Michael Hartschen, Jiri Scherer, Chris Brügger
By GABAL Verlag GmbH
Copyright © GABAL Verlag GmbH, Offenbach
The simplified Chinese translation rights arranged through Zonesbridge Agency. Email: info@zonesbridge.com

书名	简单化
作者	[德]克里斯·布吕格 米夏埃尔·哈特申 伊里·舍雷尔
译者	刘袁
出版	中国友谊出版公司
发行	中国友谊出版公司
经销	新华书店
印刷	北京中科印刷有限公司
规格	880×1230毫米 32开 9印张 180千字
版次	2021年10月第1版
印次	2021年10月第1次印刷
书号	ISBN 978-7-5057-5217-7
定价	69.00元
地址	北京市朝阳区西坝河南里17号楼
邮编	100028
电话	(010) 64678009

版权所有，翻版必究
如发现印装质量问题，可联系调换
电话 (010) 59799930-601

simplicity

愉快的周末

终于等到了周末,一周的工作已经让你筋疲力尽,烦琐的操作流程、低效的工作程序、无法委派合适的管理人员,这一切都在一次又一次地消耗着你的精力。

但现在,所有这些都被抛在脑后了,因为周末了!眼下的头等大事就是好好睡上一觉!只可惜钟控收音机在6:30时就响了,你竟然忘了关闭闹钟功能。在半梦半醒中,你摸索着寻找闹钟,试图把它关掉,但是却找不到关闭的按键。在多个选择中,你可以打开调节器,把房间温度显示切换成华氏度,或者将时间以投影形式投影在天花板上。你的钟控收音机可以做那么多事情,却不能一键关闭闹钟。

现在觉是睡不成了,为了让自己进入正常状态,你急需一杯咖啡。咖啡机上的触摸屏对话框询问你是想喝双份浓缩咖啡、可塔朵还是嘉乐

多。可这些你都不想要,你只是想简简单单地喝杯咖啡而已!

要刮胡子时,你想了10分钟也无法决定是否应该在新买的电动剃须刀的"三刀一体自由浮动式系统"中激活一体式剃须啫喱的功能。之后你下定决心,利用这个早起的清晨,把新的WiFi路由器和计算机连接起来。按照使用说明,这是件非常容易的事情,你只需注意,在Speedport W 700V 路由器上预设一个单独的无线网络名称(SSID)和带有预共享密钥的加密 WPA / WPA2。因此，使用说明指示你，简要检查一下自己的无线网适配器是否支持 WPA2 加密。于是，你不再抱有任何幻想，果断放弃安装。

此时，你的信件到了，你的保险顾问要向你介绍不同人寿保险产品的利弊。他在信中写道，你可以在静态双缸混合产品和动态三缸混合产品中选择，其中一个具有基于金融衍生品的确定性担保概念，另一个则通过再保险合同进行对冲，二者是具有竞争关系的产品。很可惜，你现在没有时间思考这条晦涩难懂的信息的深层含义，因为你约好了朋友去市区吃饭。周六市区的停车位总是比较紧张，所以你想及早赶路。

当你准备开车出发时，全自动汽车的安全带报警器开始发出嘀嘀声，可是你明明已经系好了安全带。原来报警器以为放在副驾驶座位上的矿泉水是一名乘客。到了市区后，你很幸运地找到了停车位，但

如何快速支付停车费却让你大伤脑筋，15分钟以内缴纳最低费用，在此基础上停车时间每增加3分钟便多缴纳一定的费用。如果你年轻时选择了数学专业，那么，可能现在要计算两个小时的停车费会变得容易点儿。

这家颇受欢迎的中餐馆的菜单厚得跟电话簿一样。你试图记住暂时入围的菜单第23号、68号、94号和116号分别对应的菜品，最后，在手忙脚乱中，你将一道菜点成了55号。很快，你有一种令人沮丧的感觉，那就是你选错了。

当你打算买单时，震惊地发现信用卡不在钱包里了。为了防止更糟糕的情况出现，你想立即冻结信用卡。但事实证明这比预期的要复杂，因为在这种情况下，需要拨打的紧急电话号码和冻结信用卡时必须提供的卡号都在信用卡上，而遗憾的是，你手上已经没有那张信用卡了。用

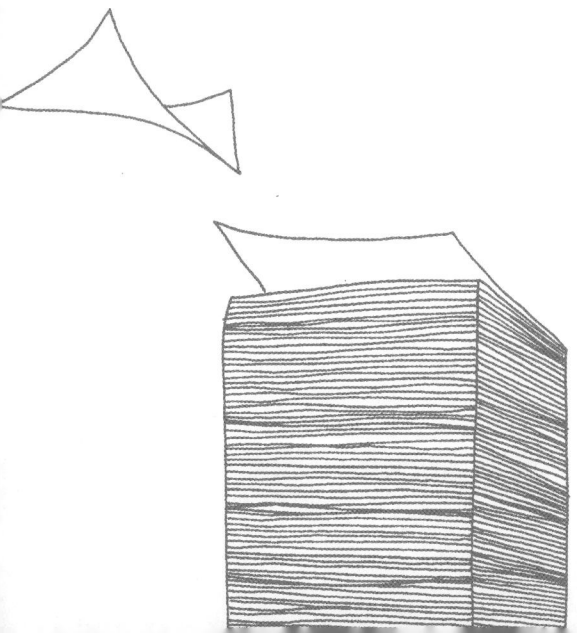

  智能手机在互联网上进行了一番艰辛的搜索后，你找到了那家信用卡机构的热线电话。在耐心地点击了7个菜单选项并给出了3个身份验证问题的满意答案后，电话另一端的工作人员表示你找错了部门。在尝试手动连接到正确的部门时，你又掉线了。在继续试了两次之后，你终于冻结了那张信用卡。

  在经历了"信用卡惊魂事件"后，你现在急需一些甜食。你来到市区最大的百货商场里那家大名鼎鼎的美食店，发现巧克力的选择多到令人眼花缭乱，你几乎又经历了一场"糖果惊魂事件"。带有芒果奶昔夹心的85％黑巧克力、冻干芦笋白巧克力、半酸涩薰衣草盐粒巧克力，以及其他100多种巧克力竞相争夺你的青睐，只是你喜欢的普通牛奶巧克力却怎么都找不到。最后，你选择了辣椒橙子味黑巧克力，不过你已经隐约知道这种人工痕迹略微明显的产品配方不是自己喜欢的口味。买完后，你愧疚的内心提醒自己要注意口腔卫生，吃完巧克力应该将牙齿彻底刷干净。只是要用哪种牙膏呢？在"多重保护美白牙齿""全效

专业齿间清新"以及"专家级保护超级全效"之间进行选择时,你的笑容逐渐消失,满头大汗地逃离了百货商店。

在回家的路上,你决定去看一下受你资助的两岁大的孩子。天气那么好,为什么下午不去野外散会儿步呢?

你一时兴起的提议得到了对方热情的回应。出发前,你只需快速地对豪华儿童车的顶部进行重新组装,这样儿童车就可以像手提包一样便携,简直太实用了!唯一的问题是你无法成功组装,尽管使用说明书上说明安装非常简单,你只需要将车把向后折叠在脚踏板延伸部分和保护杆调节器之间,然后向上拉动手推车内的两个塑料扣,并将侧面的铝杆卡入底部的塑料支架中。要打开它,就向上翻转手柄,直至其咔嗒一声固定到位,再向下按压袋子的底部即可。

散步已经不可能了,但既然你已经来了,可以顺便帮助受资助孩子的母亲安装新买的电视机。她告诉你,购买电视机的决策过程真的像一场漫长的艰苦旅程。她不知道 TCL H32B3805、三星 UE88JS9590、三星 UE40J6250、LG 32LF561V、根德 32 VLE 5520 BG、根德 32 GFB 6621、夏普 LC-43CFE4142E 或者夏普 LC-40CFE4042E 中哪一款最适合自己,很大一部分原因是她总是忘记哪个型号对应的是哪个品牌。现在她终于确定了一个型号,借助于全自动安装向导,运转这台设备应该非常容易。但不幸的是,她一时粗心选错了国家名,选了丹麦而非德国。这种事情当然可能发生,但令人讨厌的是,现在所有的程序都安装不了了。要更改国家选项也不是那么容易的,首先必须将电视机重置为出厂设置。如何才能恢复出厂设置呢?随附的使用说明书提供了有用的信息——可以在更详细的用户手册中找到,而该手册则需从生产商的网站下载。

当你晚上回到家时,早已筋疲力尽。下周开始前,你必须从本周末的压力和紧张状态中恢复过来,你决心利用两天的周末时间去旅行。你打开了手机里新装的旅行应用程序,你最近用它代替了之前的 4 个旅行应用程序。这款应用操作简单,没有复杂的说明让你无法理解,用户指南直观清晰,时刻表的查询方式也非常简单,你只需在触摸屏上触摸目的地的图片,完全不用输入任何文本,然后通过滑动显示屏,就可以在几秒钟内轻松购买车票,点击两下还可以预订酒店房间。你将手机放在一旁,心满意足地沉沉入睡。

简单赢了。

前言
PREFACE

亲爱的读者，你现在手里拿到的是《简单化》一书的完整修订版。如你所见，本书修订后的内容更加清晰，也更具吸引力。当然，本书的提升不仅停留在视觉效果上，同样，还增加了许多新的内容。

本书的第一版于2011年面世。此后，简单化作为一种经济趋势变得日益重要，它被认为是用户评估产品、服务和程序的整体设计因素。近年来，随着数字化的突飞猛进，新的商业模式和移动解决方案不断涌现，简单化的概念也进入了新维度。这一切都明确地告诉我们，是时候将这本书进行全面修订了。

如何把一本关于简单化的书做得更好呢？答案就是对这本书本身进行简化处理。因此，修订版运用了本书的核心简化法则和策略：我们对内容进行了删减、替换、添加和重组。使本书不仅内容更加丰富，且更具趣味性。此外，这也是提升简单化的一种策略，之后你将有所体会。

修订版对简单化过程的介绍更详细、更实用，重点更多地放在程序、沟通和设计上。在全新的综合导论部分，我们深入探讨了一些最基本的问题：简单到底意味着什么？它在经济上究竟能获得怎样的回报？对商界人士的访谈也被收录进本书，他们对简化过程进行了深入分析，用实操见解在理论和实践之间搭建了有益的桥梁。

本书介绍的法则和策略源于不同的认识，并得到了进一步发展。一方面，我们对当前的趋势和研究进行了分析，并结合自己的经验进行了反思；另一方面，我们对新产品和服务进行了更深入的调查和研究，比如它们是如何简化我们的生活的。在市面上已经有一些关于简单化的出版物。我们在这里要特别提到的是爱德华·德·波诺（Edward de Bono）和约翰·前田（John Maeda）的作品，从他们的作品中，我们得到了一些启发，发展了新的观点，并进行了实践。我们采用并进一步发展了波诺的术语"转移与委托、刺激性切除、多数与例外、模块与小单元"。

看看新百年以来最成功的产品和应用，你会发现它们大部分都有一个共同点——基于简单化的理念。简单这一工具不仅有助于更好地了解用户需求，而且还可以加快实现盈利创新的过程。

你也可以驾驭简单化的巨大力量，本书将助你实现这一目标。

克里斯·布吕格

米夏埃尔·哈特申

伊里·舍雷尔

目录
CONTENTS

第一章　简单即最好

1.1　让我们把世界变得更简单　　　　　　　　004

1.2　"越多越好"误区　　　　　　　　　　　　012

1.3　简单的回报：全球品牌简化指数　　　　　014

1.4　对简单的需要　　　　　　　　　　　　　016

1.5　复杂本身不是一件复杂的事情　　　　　　022

1.6　不可控因素　　　　　　　　　　　　　　024

1.7　运用简单的力量　　　　　　　　　　　　026

1.8　为什么我们要变得简单　　　　　　　　　028

访谈 Design Tech 公司——于尔根·R. 施密德　　030

第二章　简化过程

2.1	简单即共同理念	040
2.2	简单地去信任	042
2.3	简单即创新	044
2.4	简单即趋势	046
2.5	简化过程：持续不断的改进	047
	2.5.1 基本问题：是什么？为什么？为了谁？	049
	2.5.2 如何做到简单	054
	2.5.3 原型检验	055
	2.5.4 简化创意的实施	057
访谈	德国铁路路网股份公司——斯特凡·基尔希	058

第三章　简单化的 5 项法则及 14 项策略

3.1	简化法则问题	070
3.2	敢于到枝头冒险	072
3.3	简化第一法则：精炼	077
	3.3.1 "审视过去"策略	083
	3.3.2 "优化调配"策略	095
	3.3.3 "精简内容"策略	104
	3.3.4 小结	114
3.4	简单化第二法则：重组	117
	3.4.1 "建立新秩序"策略	126
	3.4.2 "构建模块和小单元"策略	137
	3.4.3 "区分多数与例外"策略	147
	3.4.4 小结	158
访谈	林特银行——达维德·萨拉赞	160
3.5	简单化第三法则：补充	165
	3.5.1 "组合事物"策略	170

	3.5.2 "增加用法"策略	180
	3.5.3 "隐藏事物"策略	188
	3.5.4 小结	196
3.6	**简单化第四法则：替代**	**199**
	3.6.1 "想象基本事物缺失"策略	204
	3.6.2 "改变维度"策略	211
	3.6.3 "理念迁移"策略	219
	3.6.4 小结	228
3.7	**简单化第五法则：感知**	**231**
	3.7.1 "缩短感知时间"策略	236
	3.7.2 "采用熟悉事物"策略	245
	3.7.3 小结	254

访谈 德国电信——雷扎·穆萨维安   **256**

简单化总结   **260**

第一章

简单即最好

Simply the best

最简单的想法往往取得非凡的成功。

—— 列夫·托尔斯泰

1.1 让我们把世界变得更简单

这个世界变得越来越复杂了！最近购买新牛仔裤的人可能深有体会。过去买一条牛仔裤是一件非常简单的事情，人们走进商店，从5种常见的版型中选择1种，10分钟后，带着一条心满意足的新裤子满意地离开。

如今，在购买牛仔裤之前，要经历一整个下午的复杂决策过程，在此过程中，人们不得不在诸如靴裤、酸洗、裤袋线缝、破洞牛仔裤、吊牌、纽扣门襟和锥形剪裁之类等多种选择中做决定。

牛仔裤上各种各样的裁剪、水洗、颜色和外观为消费者提供了无数的购买选项，也使消费者对新产品的期望值无限提高。一条新的牛仔裤早已不能仅仅是满足"还不错"的标准，它们必须达到完美，否则在众多的可选择条件下，只会让人感到苦涩的失望。

▶ 美国心理学家巴里·施瓦兹（Barry Schwartz）针对这一现象提出了"选择的悖论"，即随着供应的不断扩大，期望值不断提升，最终必然会令人感到沮丧。

当消费者做决定时，会突然感到压力，担心自己无法做出正确的选择。购物变成了一件辛苦的差事，令人不堪重负，筋疲力尽。

戈特利布·杜特韦勒尔（Gottlieb Duttweiler）研究所的趋势雷达也识别到，世界正在变得越来越复杂。市场研究机构 A.T. Kearny 的研究表明，在过去的 10 年中，德国百货商店供应的产品增长了 20% 甚至更多：咖啡、茶以及可可的不同包装由 400 多种增至 500 多种，卫生和婴儿护理产品由 500 多种增至 700 多种，护发、护肤及口腔和身体护理产品则由 2000 多种增至 3000 多种。

乍一看，这种发展对我们来说似乎是积极的，并且在经济上是可取的。多样性令我们着迷，广泛的供应范围轻易将我们吸引。

美国研究人员希娜·艾扬格和马克·莱珀却得出了不同的结论：在一次小型的现场研究中，他们在加利福尼亚州的一家食品店摆放了两个试吃摊，顾客可以在摊位试吃不同的果酱，其中一个试吃摊有 6 种不同的果酱，另一个则有 24 种。研究结果令人惊讶：在果酱选择种类更多的试吃摊前，尽管路过的顾客中 60% 的人都尝试了至少一种果酱，但最终却只有不到 2% 的人购买了产品。而选择较少的试吃摊的结果则完全不同：虽然一目了然的产品只能吸引 40% 路过的顾客试吃，但 12% 的人最终决定购买产品，是更多选择的试吃摊销量的 6 倍。

选择多也有缺点。以上述研究为例，谁从 24 种果酱中选择

▶ **我们拥有的选择越多,就越会缅怀错过的机会。**

一种,就不可避免地站到了另外 23 种果酱的对立面,因为其他任一选择会更好的风险很高。

诚然,如果榅桲生姜果酱确实比我们当时决定购买的草莓接骨木花果酱味道更好些,也绝对算不上什么灾难,但对于其他更重要的决定呢?如退休金、人身保险等。累积的机会成本,即由于未能利用可用的资源而造成的收入损失,可能会令人非常痛苦。

美国先锋集团(Vanguard Group)是全球最大的金融服务提

供商之一。该公司约有 1.5 万名员工,作为一项特殊的社会福利,员工可自愿加入公司提供的投资基金用作退休金。人们发现,公司每新增 10 个投资基金,参加自愿退休金计划的员工就减少 2%。目前,约有 50 种投资基金可供选择。如果只有 5 种,那么将增加 10% 的员工加入这个理论上十分具有吸引力的退休金计划。因未参加该计划而导致的财务后果——决策瘫痪(即因选择太多而无法做出决定)导致这些员工每年为此付出的机会成本约为 5000 美元。

一方面,大量产品选择导致决策瘫痪;另一方面,复杂的

产品、服务和程序也导致决策瘫痪。自21世纪以来，我们已经了解到过于复杂的产品会带来巨大的危害，如金融产品。它们如此复杂多样、变化莫测，甚至连专业人士有时也无法完全理解。"只做自己理解的产品"，这个在美好往昔中基于理性和比率的投资指导原则，早已不再适用于高度复杂的结构化金融衍生品的丛林了。

事实上，我们不必探寻疯狂金融世界的深渊就可以意识到产品变得越来越复杂，看看自己的计算机就够了。如今几乎没有一份工作不将掌握Word和Excel作为前提条件。而且，在申请工作时，我们都会问心无愧地声称自己对这两个程序十分了解并运用自如了，但事实并非如此，作为普通用户，对于这两个经过无数次更新的程序，我们真正熟悉的功能不到其全部功能的10%。

与计算机程序相比，DNA具有一定的复杂性，而拍卖程序则非常简单。想购买商品的人，只需出价即可。卖方收集出价，最终将商品拍卖给出价最高者，至少过去是这样。但是现在，德国足球联赛（DFL）已开始完善这一简单的竞拍原则，旨在通过在线拍卖将2017/2018德甲联赛的电视转播权出售给最高出价者。德甲联赛的产品分为17种，由于在线竞拍的程序非常复杂，潜在的竞标者不得不在拍卖前召开研讨会以更好地做出决策。

竞争导致产品不断附加新的功能。服务领域也在不断扩展，并且种类繁多。在网络世界中，程序变得越来越多样化，并且具有更多的界面。

我们都有体会，配备多种功能的产品比功能更简单的产品更具吸引力。无论是胎压传感器等汽车的现代功能，还是拥有网络接口、卫星节目和网络摄像头的电视，更多样的功能总能让我们眼前一亮。然而一旦安装了产品并开始使用，这些丰富的功能就突然变成了困扰。由于无法直观地操作设备，我们发现它们的功能非常复杂，让人不堪重负。结果就是，在实践中，我们通常更喜欢简单易用的产品。

▶ **日益增加的复杂性会产生一些负面影响：花费更多的时间、出现更多的错误、需要更多的培训和入门时间、增加更多的维护开支、面对更多的用户提问和投诉。**

任何聪明的傻瓜都可以让事情更大、更复杂、更激烈。要往反方向发展需要一丝天分以及许多勇气。

——阿尔伯特·爱因斯坦

1.2 "越来越好"误区

无论是计算机、电视、烤箱还是智能手机，对于技术产品而言，"越多越好"的座右铭至今仍完全适用。显然，每一代新设备都要具备能够引起轰动的功能，这也是目标人群的渴求。对于蓬勃发展的行业来说，"原地不动就是退步"似乎成了无可争议的信条。

不过,戈特利布·杜特韦勒研究所的趋势雷达显示,目前潮流已经出现了转向:技术和小装置爱好者的主要组织"有线"(Wired)发起了"足够好革命"。越来越多的人倾向于更简单、更便宜的低端产品,而不是完美、高度抛光和复杂的高端版本。早在10年前,他们就购买简单、便宜的迷你摄像机"Flip Ultra",而不是高分辨率的品牌相机;如今,小型运动摄像机和智能手机都可以拍摄电影。人们可以在计算机而非高清电视上观看视频,可以用Skype通话,用Microsoft Office和Outlook而不是Gmail和Google-Text交流。网页工具的基础版本,如Flickr或Doodle成为理想选择,付费升级则成了没必要的噱头。

▶ 质量一如既往地重要,但它被重新理解为简单易用。

1.3 简单的回报：全球品牌简化指数

如今，越来越多的人渴望简单。人们可以从简单的象形符号（即表情符号）在数字对话中逐渐取代书面文字这一事实中看到这一点，同时，人们对简单产品和简单服务的需求也在不断增加。这并不足为奇，简单的事物不需要过多解释，却可以实现更好的运转，并最终带来更高的满意度。

纽约市场咨询公司思睿高（Siegel+Gale）开展了一项大规模的全球研究，调查企业通过简单化能在多大程度上持续改善品牌体验。为此，思睿高每年对不同国家的10000多名消费者进行调查。这项调查给出了一个排名，即所谓的"全球品牌简化指数"。该排名体现了消费者因哪些公司和品牌的简单化而对其格外赞赏，并愿意为哪些产品支付更高的价格。如果一款产品易于理解，被认为是透明且真诚的，能够认真对待用户需求并能提供真正实用、有效的使用功能，那么，这款产品就被认为是简单的产品。这一调查结果十分引人注意。简单确实符合用户的真正需求,对企业而言,要想取得经济和财务上的成功,简单也是不应被低估的一个因素。

研究表明,如果产品特别简单,则最有可能得到推荐。对于更简单的产品,大多数人甚至愿意对其进行更深入的研究。最终数据展现了简单作为经济成功的因素,有着怎样的影响力:如果用股票指数总结"全球品牌简化指数"排名靠前的企业,则该指数远超其他股票指数。2009~2015年间,相应的简化投资组合增长293%,同期,德国达克斯指数增长102%,道琼斯指数增长78%。

哪些企业在"全球品牌简化指数"中名列前茅?谷歌经常荣登榜首,紧随其后的是网飞、麦当劳、汉堡王和宜家。哪些企业排名靠后呢?排名靠后的多是些保险公司,内容庞杂的保单和难以令消费者理解的资产组合。显然,保险产品不像零售业的产品那样容易简化。但根据思睿高的报告,仅通过更准确、更清晰和更易理解的沟通,德国的保险业便可以增加数亿欧元的收入。

简化投资组合 + 293%
达克斯指数 + 102%
道琼斯指数 + 78%

1.4 对简单的需要

"简单"一词在许多地方都让人觉得不牢靠。简单的东西被认为是平庸的、便宜的和劣质的。"简单"的人被认为是思想也简单的人，鼓吹"简单"解决方案的提供者令人怀疑。英语单词 simple-minded（头脑简单）也很少出现在招聘和联系广告中用于描述人们期望的性格特征。霍默·辛普森（Homer Jay Simpson）作为"行为榜样"的作用也十分有限。

简单的菜肴似乎不如精致的菜肴有价值，尽管我们可能认为"简单"的食物更美味。一篇用复杂的技术语言撰写的专业文章被认为比用通俗语言撰写且举例直观的文章更有智慧。因此，营销经理更喜欢谈无形资产、关键绩效指标、目标群体和品牌知名度，而不是简单地就事论事。

商业报告充斥着陈词滥调和重复冗余，即使删掉了这些内容，也不会造成信息丢失。在这些报告中，你可以读到诸如"管理层已为计划的所有阶段开发了有针对性的工具，以确保质量并将结果用于下一步的计划"，这也可以写成"我们的项目会定期审查"，但如果照这样写，一份商业报告将从 100 页减少至 20 页，这对于认为自身具有重大意义的企业而言，就"显得"太少了。

我们中的许多人将自己笼罩在复杂的氛围中，从而试图为自己的信息赋予更多的含义，并巧妙地将自己的不安全感隐藏在难以理解的技术语言后面。我们避免简单地展示某些事物，因为如果看起来（太）简单，就会失去价值，好像每个人都可以做到一样！

我们从中学到了什么？简单并不容易！否则，就没有读这本书的必要了。

实现简单并非易事，因为简单总是有很高的要求。如果你对追求简单这件事掉以轻心，那么将很快走进死胡同。

▶ 如果简单就是一件容易的事情，那么简单的产品、服务和程序就是常态，而非用户和员工渴望的例外了。

让我们回到表情符号，那些无处不在的象形符号，如果没有它们，在这个智能手机迅猛发展的时代，通信似乎都将不再可能。无论是在 WhatsApp、Twitter 还是 Facebook，微笑表情正逐渐取代基于文本的语言。然后就出现了这样的对话："马上就到"的文字附加了许多心型图案和嘟嘴唇图案，收到的回复则是一个戴着太阳镜的炸薯条袋和一个迪斯科球灯。当然，你也可以用文字表达："酷，我们吃点东西，然后跳舞。"但这可能是过时的做法，并且费时费力。

到目前为止，一切都很好。但是现在，明尼苏达大学的研究人员汉娜·米勒（Hannah Miller）、雅各布·塞伯特·斯派克（Jacob Thebault-Spieker）、张硕（Shuo Chang）、艾萨克·约翰逊（Isaac Johnson）、洛伦·特文（Loren Terveen）和布伦特·赫克特（Brent Hecht）发现，表情符号在交流方面是不成功的，至少是在同一语言的使用者在对同一概念有相同的理解的前提下。在这方面，表情符号世界的1000多个正式成员汇聚成了误解的海洋。在25%的情况下，使用不同设备表情符号的用户甚至无法就所使用的表情符号是肯定、否定还是中立的意义达成共识。例如，表情符号1F601"嘻嘻"，从三星或LG手

▶ 简单的目标绝不仅仅是减少工作量。简单的解决方案总是经过深思熟虑、易于理解并能提供附加值的方案。

机发送，代表"全方位的快乐"，在苹果设备上则表示具有攻击性的"准备争执"。

当我们说"这原来很简单"时，总是表示惊讶，因为我们实际上预期的是更为复杂的过程。如果我们说"这简直很好"，那么，我们预计背后还有很多工作。如果我们说"这看上去很简单"，那么，我们知道外表具有欺骗性。简单不是理所当然的。我们努力追寻并期望得到的简单总是位于发展过程的最后，它不是起点，而是结果。只有当某种事物得到进一步发展，经过改进和完善，它才真正得到简化。简单是充实后的缩减。产品、服务和程序应当优化至只保留其本质和精华。想想 Smart 或 iMac，源于简单的成功表明，没有什么比这更好的了，简单即最好！

至繁归于至简!

——史蒂夫·乔布斯

1.5 复杂本身不是一件复杂的事情

在很多情况下，简单常常被放在复杂的对立面，是以一种评判的方式。例如，简单的解决方案不可能恰当地应对形势的复杂性，或者我们的产品、服务和程序太过复杂，无法进一步简化。

看上去复杂的事物通常被赋予正面的价值，复杂性就像是高品质的证明。但是，复杂性也被视为一个不可改变的事实：现在情况复杂，很可惜我们对此无能为力。甚至有时，复杂性成为无所事事的免费通行证。

简单、复杂和错综复杂之间有什么区别？简单的事物和程序的典型特点是可重复的模式和明确的事件——原因、结果和关系是显而易见的。但需要注意的是，不存在衡量简单性的工具。简单性通常是从一个人或一个团体的角度进行评估，这种评估始终是基于个人经验和现有知识，是主观的。

简单性没有绝对的对与错，它总是与个人的评判相关，与基于个人观点的现实

▶ 如果我们仔细观察，被认为复杂的事物和程序通常只是复杂而已。

相关。

如果事情是复杂的,那么系统作为一个整体仍然是可预测的,因果关系依然存在,但不再对所有人都那么显而易见。与错综复杂的事物相比,复杂的事物是可以记录的,因为他们仍然是合乎逻辑的、透明的、可复制的。

如果情况是错综复杂的,那么一切都在变动,不再可预测。尽管仍然存在可识别的定向模式,但也存在许多未知数。错综复杂的事物不再可以转移,也不再被完全掌握。因为它取决于太多不确定的因素,所以其结果也是多变的。富于创造性的方法对于在迭代过程中找寻解决方案必不可少。

复杂的事物和错综复杂的事物必然是错的吗?不!专家必须掌握复杂的知识——学习效果可以帮助他。但是,复杂性不应渗透到用户。以汽车的防抱死制动系统(ABS)为例:如果没有专业知识,很难理解这种精密复杂系统的工作原理。但作为司机,你完全不会留意到这种复杂性。对于你而言,ABS只是一种非常实用的东西,它可以让你在强烈制动时仍使汽车保持方向稳定,从而提高行车的安全性,简化汽车驾驶。

简单　　　　　复杂　　　　　错综复杂

1.6 不可控因素

你是在攀岩还是在打高尔夫？打高尔夫的目的并不粗浅，但很简单，就是用球杆将小球推入洞中。与之相反，高尔夫比赛的规则却十分复杂。你总是能分清小鸟、柏忌和差点吗？

▶ **复杂的事物是静态的，动态的事物是错综复杂的。**

如果你站在高尔夫球场上，打高尔夫会突然变成一件很复杂的事情——日程安排、果岭的状况、风和天气条件对高尔夫球下落的影响，这些都成了无法预测的挑战。

由于外部的不可控影响、时间因素和人为因素，造成复杂的事物和过程变得不可预测。交通规则是复杂的，由情绪反复无常的交通参与者构成的交通则是错综复杂的。飞机的结构是复杂的，一架飞机要从柏林安全飞往苏黎世则是一项错综复杂的挑战。

1.7 运用简单的力量

不仅用户对简单产品及服务的需求很大,而且随着工作流程变得尽可能简单,员工和供应商的满意度也会提高。那么从消费者、供应商和合伙人的角度来看,简单究竟意味着什么呢?这个问题没有明确的答案,但如果你听到过以下一些看法,就可以确定应当努力实现的简化过程——目标达成。

你可以马上开始。

简直太棒了!

简单是不言而喻的。

现在进展得太快了。

每种文化都可以应对。

第一章 简单即最好　027

我可以很快明白，什么是可行的。

为什么不这样？

简单是普遍适用的！

简单就是现在不复杂。

现在出现的错误会减少很多。

我们现在需要的生产时间变少了。

可理解性将大大提高。

程序设计变得更快、更轻松。

许多接口可以删掉了。

错误能够更快地被发现。
接受度得到了提高。

我现在理解了这些是怎样运转的。

1.8 为什么我们要变得简单

用户重视简单的原因是显而易见的。那么，简单的产品、服务和程序对企业来说意味着什么呢？为什么要把事物变得更简单？具体原因有以下几点。

- ▶ 做出购买产品的决定更快。

- ▶ 简单的产品能被更好地理解。

- ▶ 简单的工具使用起来更安全、错误更少。

- ▶ 简单的系统应用上手更快，适应性更强且不易出错。

- ▶ 易于理解的定价模式可以更快地被用户接受。

- ▶ 简单的服务比需要大量解释说明的服务更易被人接受。

▶ 如果一个产品或一项服务是不言自明的，那么用户服务的需求将随之减少，成本也会随之降低。

▶ 简单的程序可以让所有人理解，因而，可以更快地得到传播、推广。

访谈
Design Tech 公司
——于尔根·R. 施密德

"如果简单成为一件容易的事情，就需要提高警惕了！"

Design Tech 是一家国际领先的目标导向机械设计公司。迄今为止，已有 130 多个奖项证明了这家位于德国蒂宾根市阿默布赫的公司所取得的非凡成就。公司所有人于尔根·R. 施密德撰写了许多专业文章和书籍，他是国际设计评审团的成员，也是机械设计、工业 4.0 及在德国家喻户晓的前瞻性专题的报告人。

问：施密德先生，什么是简单？

答：雕刻家遵循着简单法则：他最初有一个清晰的想法，然后选择一块合适的石料开始凿刻。只有当雕刻家从这块石料上去除了所有不在他设想范围内的东西时，才实现了简单。如果他要创作一个抽象的形象，而不是一个具体的人物塑像，他还要去除石料上其他的部分，直到他认为已经能够准确表现出那个抽象的形象为止。如果他面前的三维石像体现了他的想法，那么简单就实现了。哪怕只有一立方厘米的多余石料没有去除，这尊雕像都算不上完成。因此，在凿刻之前，雕刻家或石匠必须确切地知道哪些是自己不需要的，必须去除的。

问：对于产品用户而言，简单变得越来越重要。这对设计师而言构成了哪些挑战？

答：用户在简化的过程中扮演着重要角色。准确了解用户是谁以及他们在实践中如何使用该产品非常重要。为此，必须开展深入且多样的研究。于是，大量的观察结果和信息便产生了，经过一致的评估阶段后，这些观察结果和信息将被分门别类。下一步，只有具备了清晰的思路和具体的目标，知道如何为用户提供最优的解决方案，才可能着手开展项目。简单的益处基于分别调整和优先次序。

问：简单的设计就是好设计吗？

答： 从美学角度来看，简单的产品可能非常容易打动人，也可能极度无趣，缺少吸引力和情感。保时捷 911 和大众辉腾这两款汽车的外形都很简单，但一款可以唤醒人深层次的情绪，另一款则让人无聊到打哈欠。就美学而言，单纯的简单也不是一项质量特性。

问：简单的事物还需要某些东西才能获得价值吗？

答： 确实如此！简化不仅意味着建立秩序。在 Design Tech，我们的目标始终是通过为简化补充极具特色的细节，创立独特且具有辨识度的标志。设计德意志银行商标的著名平面设计师安东·斯坦科夫斯基（Anton Stankowski）曾说："首先进行简化，在某个地方去掉一些东西，之后在另一个完全出乎意料的位置添加一些东西。"在机械设计中，与众不同的细节不仅是美学特色，也是附加值强力推动的结果。

问：做一个简单的设计是不是格外复杂？

答： 寻找复杂的解决方案很容易，简单则需要智慧和时间，它需要理解任务的复杂性，将其简化，只保留最本质的东西，再加上精妙的细节，使其独具特色。成功的简化过程总是很艰苦。通过激烈的讨论，你可以判断自己走的路是否正确。如果简单成为一件容易的事情，就需要提高警惕了。

问：简单不是思考过程的开始，而是思考过程的结束？

答： 是的，在简化过程开始前，人们就需要用巧妙的方式处理复杂性。只有在 Design Tech 的工业设计师全面掌握了机器的全部任务和复杂性，并且能够以精湛的技艺改变需求后，才能开始简化的进程。我们通常会日夜思考难以应对的任务所带来的混乱，我们追寻秩序、结构和联系。我们的大脑一刻不停地活跃运转，直到我们解开那些结。

问：高强度的思考和工作过程不应体现在最终的简单产品上，您如何应对这一挑战？

答： 困难到底是什么？为什么花了那么长时间？几年前，我在淋浴时就有这样的想法，这让我想起了一个简单的战前模型。别人给我看的所有评论都说，我们已经做得非常非常好了。我们从复杂性的坎坷之路走到独特的简单化，显而易见的结果却模糊了艰辛的过程。在 Design Tech，当我们找到了准确的解决方案时，我们会立即感知到。只有在这时，我们才会向用户展示我们的构思。有时候会夹杂一种感觉，即局外人无法意识到我们在时间和思维上的巨大投入。毕竟，对于他们来说，这是一个不言自明的解决方案。我总是将这种评价当成赞美。

问： 您的员工如何学习"简单"？

答： 除了时间、练习和指导以外，培训新员工还需要适当的行为方式，我从未见过任何人一开始就能做到"简单"。我们引导机械设计师循序渐进地掌握这种能力，对所有参与者而言，这都是一项困难且艰苦的过程。正确评估一项任务的完整性和集成性也需要学习。如果仅在几个小时后就将草稿放到桌面上，那么有经验的人就能看到我们距理想中的简单还很遥远。如果某位员工成为 Design Tech 团队的永久成员，则可以肯定他已经理解并学会了简化的第一步。根据我的经验，如果一个工业设计师能够以精练的方式思考、构造和确定优先次序，那么他就可以成为一位简化大师。

于尔根·R. 施密德

第二章

简化过程
Der Vereinfachungsprozess

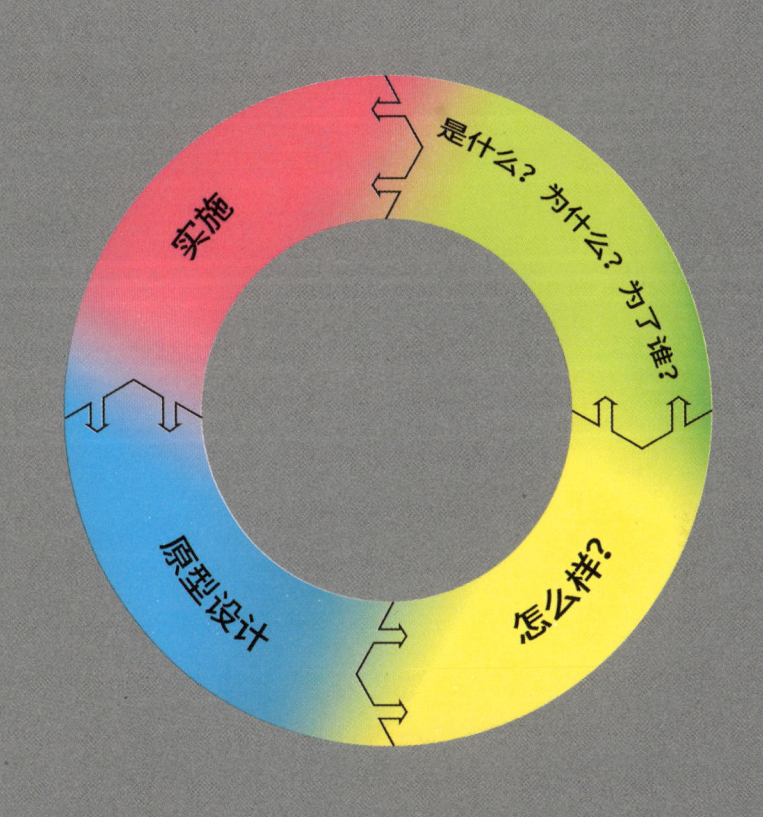

实施 | 是什么？为什么？为了谁？
原型设计 | 怎么样？

对事物的了解必须深入到你觉得它变简单了。

——康拉德·阿登纳

2.1 简单即共同理念

让我们把事情变得更简单吧！坦白说，这真是说起来容易做起来难。只需试想一下下列情景，就会让人感到困难和艰辛：整理壁橱或书桌，重新布置办公室，安排好活动日程，清除房间不必要的东西，整顿自己的人生，找到最本质的东西，回归自我。

如果你本人决定要简化生活的某些方面，那你完全可以自由地选择采取哪种策略来实现这一目标。你一个人就可以确定简单究竟意味着什么，是减少房间里的家具还是少玩智能手机。但对于公司而言，简化并非如此。简化总是关系到一个团队，关系到一群人。简化的过程也会影响不同人之间的协作。

成功的简化过程需要以共同的心态为基础。要有达成一致的共同信念，你完全可以将其与一支足球队进行比较，那些拥有同一个目标，执行同一个战略战术，让每个人都相信的团队才会取得成功。企业家简化过程的出发点是相同的，

▶ 公司需要共同的价值观，拥有共同的信念，即简单的产品、服务和程序能够带来优势。

当整个公司对简单持开放的态度时，他们就成功了，而且这与管理层无关。

使用一套相同的语言同样重要，它可以确保所有人对同一概念的理解是相同的。对简

▶ **简单必须成为公司战略的一部分，管理层和员工应当对此抱有同样的信念。为此，提高所有人在这方面的意识对企业文化而言是一个挑战。**

单是什么，以及简单的好处是什么达成一致的理解，是每个成功简化过程的基础。不仅公司内部使用相同的语言很重要，了解简单对用户、中间商和供货商意味着什么也同等重要。

2.2 简单地去信任

信任可以降低复杂度并让公司内部的合作变得容易。取消让公司组织机构复杂化的高层监理会，取消耗费时间的监管流程，为富有成效的创意工作留出更多的时间和空间。例如，美国豪华连锁酒店丽思卡尔顿实行所谓的"灵活授权"，即在信任的基础上，灵活授予员工更大的决策自由和行动自由。员工得到授权，如果在自己负责的范围内出现问题，可以采用快速解决的方案。如遇客人不满意，丽思卡尔顿的服务人员可以在不等待领导层层审批的情况下，优先自行为客人免除房费、发出邀请函或赠送水果篮。员工自由支配的金额高达 2000 美元，而在其他地方，同样的金额需要三级领导的层层批准。

▶ 如果一个企业架构能够增强员工的个人责任感，能够给予员工自主灵活解决问题的空间，那么，这样的企业自然可以让一切变得更简单。

第二章 简化过程 043

2.3 简单即创新

一个成功简化过程的结果始终是创新,即全新的或更新的产品、服务和程序。这些产品、服务和程序通过其简单性扩大用户利益和企业效益,并提高企业的成功率。

特定的思维模式使创新成为可能——坚信"更加简单"对企业和用户都是积极的,而且应该成为奋斗目标。这种对简单益处的基本理解确保了简化过程不会失去动力。

对简化的向往最终是否会产生创新取决于三个因素的相互作用:个人能力或简化过程参与者的个人动机,企业资源以及在简化过程中可以利用的创造潜能。关注用户利益可确保创新能够满足用户需求,并使企业在市场上得以生存发展。

对简单的态度和理解

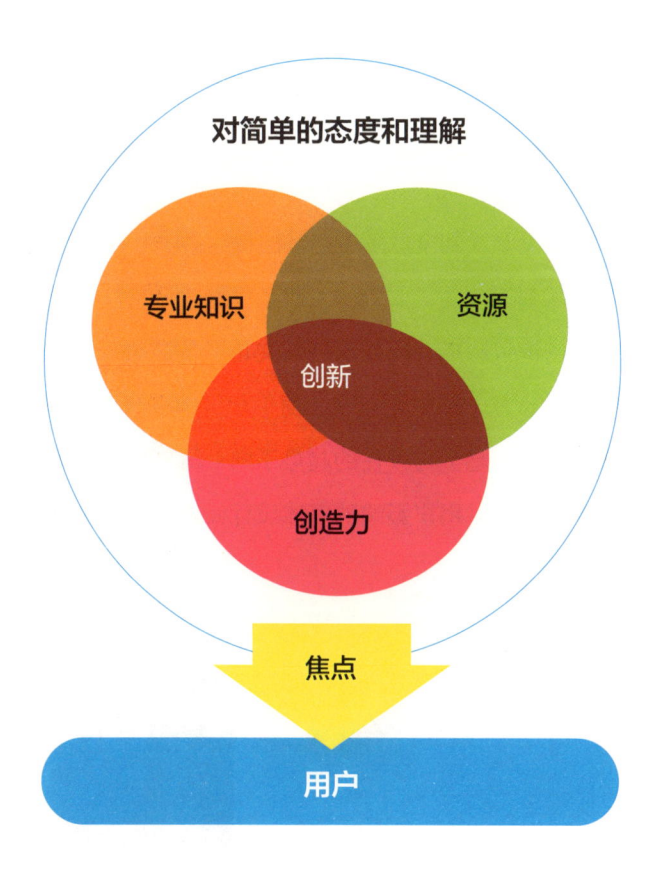

专业知识　资源

创新

创造力

焦点

用户

2.4 简单即趋势

经济发展总是受到全球发展趋势的持续影响。19 世纪，向工业生产转型深刻地改变了人们的工作条件和生活条件，而随后大获成功的市场销售和卓有成效的创新文化则是推动经济进步和社会变革的巨大动力。21 世纪以来，简单化，即在经济上追求更简单已经成为大势所趋。与以往的趋势不同，简单化被理解为评估程序、服务和产品对用户影响的整体设计元素，影响着企业的整个职能范围。

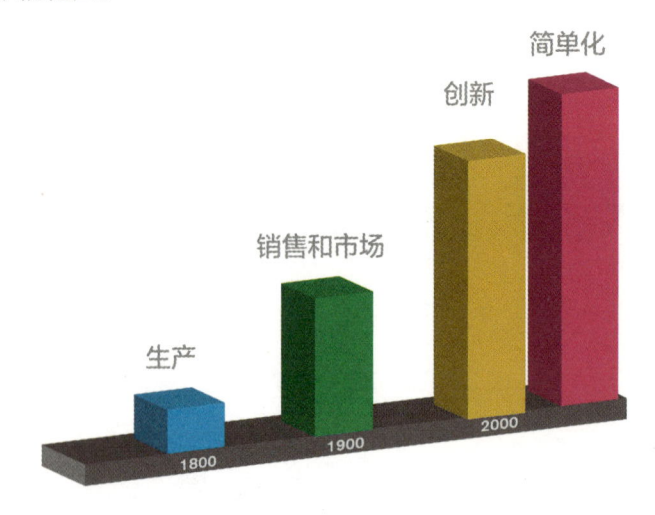

2.5 简化过程：持续不断的改进

为了有效地实现简化，我们提出了一个分四步走的过程。简化不是一个线性的过程，不是一条从 A 地通往 B 地速度最快的高速公路。实现简化是一个连续的过程，是不断地对现状寻根究底，是一个持续的挑战。

如果你是简化过程的负责人，那么你绝不像极限运动激流勇进的选手，划着橡皮艇无畏地冲下瀑布，一旦离开岸边，就没有回头路了；确切地说，你更像一个谨慎的独木舟划行者，能够随时调整方向，必要时甚至可以逆流将船向后划几米，以避开危险的急流或河道中的巨石。

将事物化繁为简是一个持续改进的过程，最终实现综合性能的提高。这一过程不仅反映了 PDCA 循环的四个步骤（Plan- 计划、Do- 执行、Check- 检查、Act- 行动），也反映了设计思维的方

▶ 简化的过程是一个反复的、具有创造性的过程，在这个过程中，人们通过重复相同或相似的操作，一步步接近解决方案。

法。这不仅涉及企业内部的愿景（如生产流程的优化），也与我们的目标相关，即找到令用户信服的解决方案。在简化的过程中，产品功能、可用性和沟通同样受到考验。这适用于需要简化的现有事物，也适用于全新、简单的解决方案。

实施

制定解决方案并付诸实施
结果：运行良好且更简单的解决方案

是什么？为什么？为了谁？

提出针对简化的问题：必须把什么事情变得更简单？这样做为了谁？为什么要这样做？

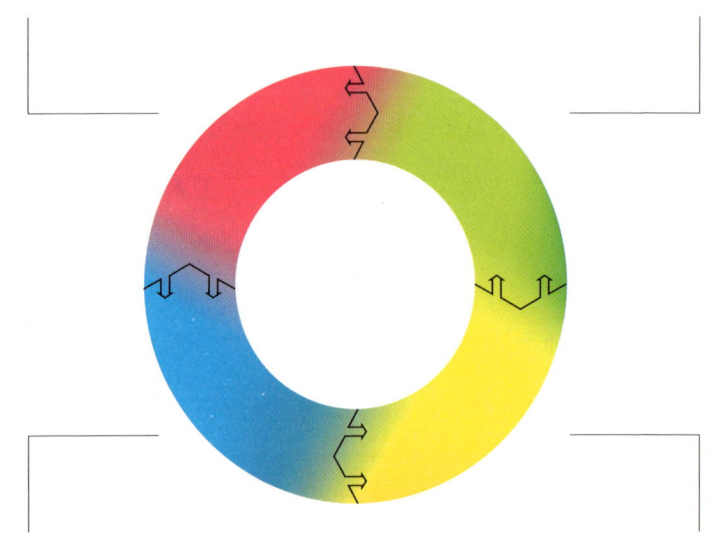

原型设计

尽快对解决方案进行检验并确定优先次序
结果：建立简化原型

怎么样？

借助简化法则和策略制定解决方案
结果：具体的简化创意

2.5.1 基本问题：是什么？为什么？为了谁？

每个简化过程开始时，你都需要理清几个基本问题。首先，很简单的问题：要简化的事情是什么？其次，简化现有的方案还是将重点放在开发新项目上？通过全面彻底的前期分析，你可以确定公司当前的重点，并就此提出相关的问题、难点、任务及解决方案。

下列重点领域将帮助你进行初步的简化头脑风暴。

流程

在我们的流程中，很多错误出现在哪里？

用户

用户经常投诉的是哪些地方？

产品

哪些产品是复杂的？

决策

决策是如何产生的？

澄清问题

任务分配确定后，就需要进行明确的界定，是小任务还是大项目？对于一些小任务，可以召开一个研讨会，每个人都可以在自己的领域自主实现简化，最后产生影响的是许多小事的总和。相反，大型简化项目是跨学科的任务，许多不同的利益在其中发挥作用。这往往需要真正的变革管理来进行全面的跨部门变革，从而促进新的简化策略的实施。

明确了需要简化的内容后，接下来的问题是：为什么？进行简化的原因是什么？是否应该为用户简化操作，还是以降低生产成本为目标？用于培训的开支要不要减半？要降低错误易发性，还是要加快进程？在问为什么的同时，还必须明确应该为谁进行简化：为所有用户还是只为某些特定的用户群体？为合作企业？为供应商？还是为了员工？

▶ 简单也可能意味着某件事情对一个群体来说变得更容易了，但对另一个群体来说却变得更复杂了。

以越来越多的航空公司提供的网上值机服务为例，乘客在网上预订机票时可以同时预订座位，登机牌通过电子邮件自动发送给乘客，乘客可以将登机牌打印出来或加载到智能手机上。"在家打印行李牌"服务可以让乘客在家打印行李标签,并按照标签上的说明进行折叠,然后将标签放在提供的行李箱塑料支架上。到了机场,行李就可以通过自动托运装置或行李托运台进行托运,无须耗费漫长的等待时间。

很明显,这一简化的服务对象首先是航空公司,因为它将很多工作步骤下放给乘客。有着丰富经验、经常旅行的乘客也能从这一创新中受益,由于折磨人的排队等候情况在一定程度上得到缓解,他们可以在机场节省许多宝贵的时间。因此,有经验的旅客尽管付出了额外的个人努力,但还是享受到了更多的便捷。但对于两年才出行一次的旅客来说,或者对于突然要在苏黎世机场的自助值机台值机的亚洲旅客而言,这种旅行就变得更加复杂了。

▶在每个简化过程开始前提出关于简化的问题:必须把什么事情变得更简单?为什么要这样做?这样做为了谁?

尽在掌控

只有确保将简化的重点放在自己能够控制的范围内,至少是自己能够影响的领域,简化过程才能有效果。美国作家史蒂芬·柯维(Stephen Covey)创建的同心圆模型划分了三种行为范围。

"关注圈"包括所有你在思想上关注的事情,无论是积极的还是消极的,如那些让你生气的事情,让你认为有改进空间的事情，由于各种原因需要你注意的事情，其中包括你不一定能影响的事情等。较小的"影响圈"包括所有你能够直接或间接产生实际影响的事情，也即你能够有意塑造或至少参与塑造的事情。最中心的一环是"控制圈"，它包括所有你能够直接和即刻掌控的事情。

天气对你的状态来说重要吗？很不幸，天气不在你的影响范围之内，除非你能像××奥运会期间那样，在自己的花园里用高射炮将碘化银射入雨云层。既然这种概率不大，我们此时就可以

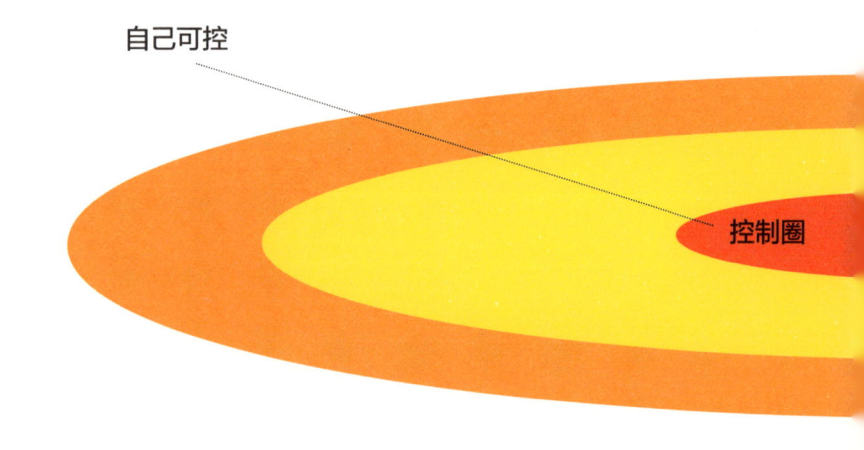

自己可控

控制圈

做出假设——你要服从天气的设定,你所能影响的是你对居住地的选择。如果你从汉堡搬到马略卡岛的帕尔马,那么你享受明媚阳光的概率就会提高。你对天气的反应直接受你的控制。如果你在清晨穿上雨衣,那么白天就可以更好地应对下雨,或者在汉堡典型的糟糕天气里,你可以选择在室内活动。

同样的逻辑也适用于简化过程。因此,在开始前,你必须明确以下两个问题:我们确实能够影响自己想要简化的内容吗?如果能,我们能否成功发挥影响力,这种付出是否值得?

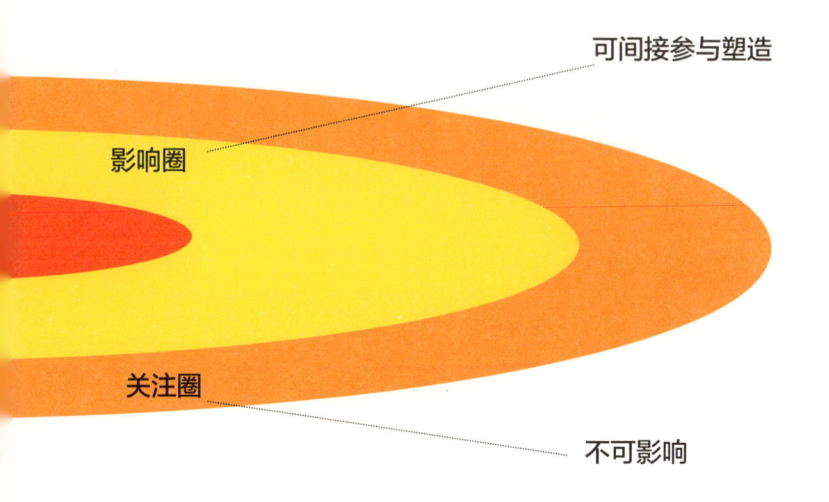

可间接参与塑造

影响圈

关注圈

不可影响

2.5.2 如何做到简单

当产品和程序（或部分程序）被精简、重组、替换或补充时，就实现了简化。我们将具体的操作方法归纳为 5 项简化法则和 14 项简化策略，这些具体的简化方法将在本书的主要部分进行详细介绍。短期内要做到简单可能会耗费大量的成本，如需要重新设计整个产品系列。但从长远来看，做到简单之后，可以以增加销售和减少维修的形式收回前期投资。不过，如果把简单作为目标，有时就要做好削减相关功能的准备。

▶ 很多时候，为了实现简单，人们不得不舍弃一些虽然好但却将事情复杂化的功能。核心问题是：通过简化获得的收益是否比因削减功能所失去的收益更多？

2.5.3 原型检验

运用简化策略时应以产生具体的简化创意为目标。这些创意必须尽快接受检验，但核心的问题是：事情真的变简单了吗？

在简化过程中，往往会产生一些具有创新性的想法，但它们却不能把事情变得更简单。相反，有时一些想法会使情况变得比起初更复杂，这显然不是简化的目的。在这种情况下，不应将这些可为将来所用的想法简单丢弃，而应将这些不合适的想法保存在创意库中。当前简化过程的重点，必须完全放在能够真正把事情变得更简单的创意上。

▶ 要检验一个简化创意，必须首先对其进行阐述，然后尽快使之易于理解。

要实现理想的简化，最好的方法是利用原型来检验解决方案创意。原型是最终产品的原始版本，用于测试的目的。原型无须精心制作。在大多数情况下，在纸巾上画的草图，用混凝纸、黏土或泡沫聚苯乙烯制作的简单手工艺品都能起到原型的作用，这些就是人们所说的"快速原型设计"。这种让人感觉未完成的原型却独具优势，因为与那些成熟到可以投放市场的原型相比，它们不仅能收到更多的反馈和相关的改进建议，还可以节省大量的开发成本。另外，每个创意都有与之相适应的原型。人们可以通过角色扮演的方式模拟服务。

重要的是，一旦简化创意借助说明概要被清晰地勾勒出来，就必须立刻制作第一个原型。完成原型的速度越快，就越能更好地展示、讨论和完善这个创意。通过一个简易的模型，你就可以获得一次重要的体验——直观地感受简单。

2.5.4 简化创意的实施

简化过程的最后还面临着以下问题：哪些简化创意更好？如何实施？为此，需要对各种简化方案和原型进行比较，并确定优先级。哪些创意带来的收益多且花费少，还可以快速实施？哪些创意还需要进一步解释说明？哪些创意需要被搁置？

由于简化过程是一个迭代过程，因此，在这一阶段，退一步与其他简化策略共同生成新的简化创意是最有意义的。这些创意还需要持续优化，逐步消除缺点。

在迭代简化过程的尽头将出现一个实用的、更简单的解决方案。

▶ 简化创意将成为一种创新，并作为市场上或公司里新的通用要求推广到更广阔的领域。

访谈
德国铁路路网股份公司
——斯特凡·基尔希

"简单是会传染的。"

斯特凡·基尔希（Stefan Kirch）是德国传统铁路轨道供应商德国铁路路网股份公司（DB Netz AG）"简单铁路"项目的发起人。他的目标是，持续简化世界上最复杂的系统之一——铁路系统。在下面的访谈中，斯特凡·基尔希阐述了如何成功管理一个简化项目，以及整个项目与罗密欧和朱丽叶有着怎样的联系。

问：基尔希先生，简单对您个人而言意味着什么？

答：对我而言，简单意味着"智慧"，就是通过巧妙的想法和修改把事情变得更美好。在最好的情况下，用户根本留意不到简单背后包含的智慧。这种智慧是隐形的，是智慧的简单。

问：德国铁路路网股份公司负责德国铁路公司的铁路基础设施，简单对公司的重要意义呢？

答：简单对公司来说非常重要。铁路系统本身十分复杂，这种错综复杂性体现在30000多页的指南、使用条款和其他铁路用户必须遵守的规定中。相比之下，公路系统的相关内容只有1000页，内河航运也只有3000页。因此，进入铁路系统是非常复杂的。我们现在要改变这种状况，在新的企业战略中，简单是与质量和能力同等重要的三大支柱之一。

问：您在德国铁路路网股份公司发起了"简单铁路"的项目，您想通过该项目实现什么目标？

答：总的来说，我们必须使铁路系统再次具有吸引力。对我们而言，这首先意味着从根本上简化铁路系统的使用。我们的目标是显著降低可感知的复杂性，从而降低市场准入壁垒，获得市场份额。重要的是，我们总能有针对性地向用户提供与其相关的信息，并针对不同的情况做好相应的准备。

问：这到底怎么理解呢？

答：想象一家剧院的大门被围墙堵住了，你必须沿着绳索从天窗滑下来才能进入观众席。在这种情况下，你还会去这家剧院吗？当你来到一家剧院，作为观众的你，原本应该舒舒服服地坐在观众席上。你无法看到整个幕后的操作过程，只能在舞台上看到一个场景中真正需要的演员和道具。如罗密欧、朱丽叶和阳台，这个场景不需要蒙太古家族的人出现，因此，他们始终待在幕后。换作铁路系统，这就意味着，我们的用户需要实现对系统的轻松访问，在每个交易过程中，用户只需要了解真正需要的信息。

问：您选择香蕉作为"简单铁路"项目的标志是为什么呢？

答：香蕉是简单的象征，它可以生着采收，运输方便且不留痕迹。为什么人们吃的香蕉比椰子多？因为香蕉很容易获得！吃香蕉所需要的东西你已经具备了，那就是你自己的手，其他什么也不需要。此外，幻灯片上的香蕉引起了人们的关注，在这样一个大公司里当然也引发了一场小小的轰动。

问：作为"简单铁路"项目的负责人，要成功启动该项目，您面临着哪些挑战？

答：与许多项目一样，你需要资金、资源和耐心来实现你的想法。很多人认为，简单的解决方案往往是好的解决方案。然而，要建立明确的商业关系是非常困难的。为了提高1%的市场份额，我们需要简化多少？这几乎是不可能预测的，你必须用其他方式使人信服。

问：为了使简化项目尽可能有一个好的开端，您能否与我们分享几条建议？

答：第一，快速搭建原型。正因为在简化项目中，很难明确地预估商业关系，所以需要利用原型将优势非常清晰地展现出来。我们的第一个原型能够取代7000多页与用户相关的文件，而且成本只有四位数。通过这个原型与简单工具的对比，我们让管理层看到了简单的意义。

第二，应为简化项目成立一个较为正式的组织，使人们对项目充满热情。但是，人们应该始终超越自己的组织进行思考和工作，否则只是建立了一个新的筒仓。

第三，多沟通！做好事并谈论所做的好事，这往往会感染很多人。

问：如果您个人去旅行，您认为最复杂的是什么？

答：短途交通售票机对很多人来说简直就是折磨，在国外却要容易得多，没有关税区和额外的手续，只需按一下按钮，付款，出发！

问：您上一次感觉某件事情真是太简单了是什么时候？

答：我上一次安装电视时，那是一台安卓电视。我在谷歌登录后，所有的设置和首选项都准备好了，无须花费数小时搜索频道，没有没完没了的设置，立刻就可以享受简单带来的电视乐趣！

斯特凡·基尔希

第三章

简单化的 5 项法则及 14 项策略

Fünf einfache Regeln
und vierzehn Strategien

精炼	审视过去
	优化调配
	精简内容

重组	建立新秩序
	构建模块和小单元
	区分多数与例外

补充	组合事物
	增加用法
	隐藏事物

替代	想象基本事物缺失
	改变维度
	理念迁移

感知	缩短感知时间
	采用熟悉事物

简化法则及其分类法

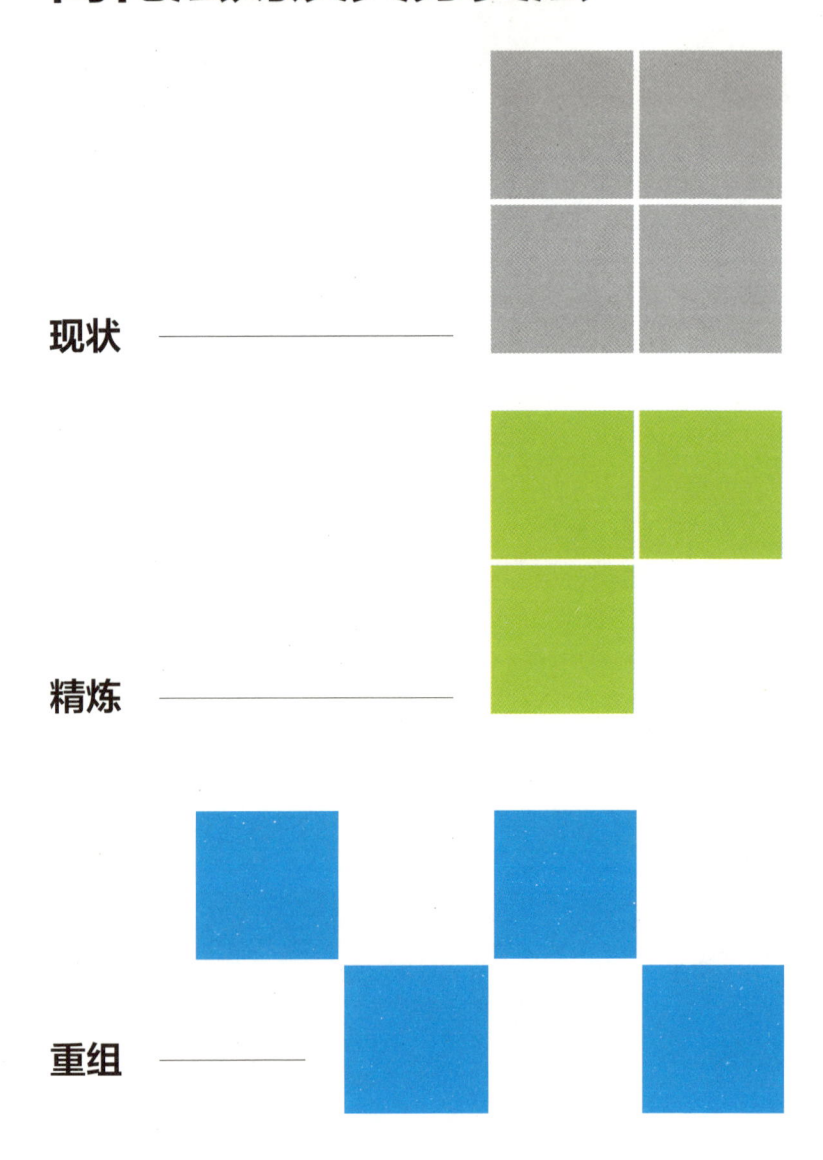

现状

精炼

重组

补充 ————

替代 ————————

感知 ——————————

简单是
真正优雅
的关键。

——可可·香奈儿

3.1 简化法则问题

你已经了解到，现有的很多产品、服务、程序和商业模式都很复杂，附加的东西太多，烦琐且低效。现在你肯定迫不及待地想知道究竟怎样做才能简化它们。乍一看这些方法，或许最令人惊讶的是，简化并不是仅靠移除一些东西来实现的，相反，有时增加某些东西也可以实现简化。

接下来，我们将介绍5项简化法则和14项简化策略，每项法则包括 2~3 条策略。每项法则都可以理解为处理简化过程的基本思路和行动类别,而每条策略则是实现理想简化状态的具体行动方案。这些策略是简化工具箱中的工具,就像工匠抹墙和打磨地板要使用不同的工具一样:要简化的事物不同,使用的工具也不同。

不同策略的侧重点有很大差异,另外一些策略则只是在细微处有所不同。运用不同的策略可能实现相同的目标,但最初并不总是很明确哪种起始状态下应该采取哪种策略才最可能取得成功,也并非每条策略都能始终与其他策略明确区分开来。我们可以把不同的法则和策略比作用来照亮舞台的聚光灯,聚光灯被安装在音乐厅的不同位置,每盏灯都照亮了舞台的某个特定区域,而光束相交的部分总是有大有小。因此,在任何情况下,从不同法则的角度审视一项任务、研究不同策略的应用,都是有价值的。

3.2 敢于到枝头冒险

我们可以把简单比作一棵树及其组成部分，其中包括树根、树干、主枝、侧枝、果实以及相关的动物世界。

树根

树根代表着企业文化和顶层战略。它吸收了简化过程中至关重要的养分，并通过树干（企业管理层、员工）将这些养分传递给分枝（简化法则）。企业全体员工对简单的信仰只能通过相应的企业文化逐渐培养。因此，简单必须成为企业战略中不可或缺的一部分，并被视为一种真正的利益。管理层和全体员工必须相信，简单的产品、服务和程序是取得长期成功的重要因素。

树干

管理层负责为简化策略的实施创造合适的框架条件。管理层确定目标、结构和行为准则。员工则负责实施简化策略，他们在既定的框架条件下开发简单的产品和程序，或者简化现有的产品和程序。

主枝

主枝代表简化的 5 项法则，即简化的基本思路和行动类别，是对实现更简单的具体策略的总结。主枝是树的生命线，没有它们，养分就无法输送给果实（简单的产品、服务和程序）。

侧枝

侧枝象征着简化策略，即实现更多简化的行动方案。

果实

运用具体的实用策略产生的简化成果，即简单的产品、服务和程序，往往能提高企业效率，提升企业的成功率。正如果树的种子会长出新的树木，这个关于简单产品、服务和程序的循环将推动进一步的简化创新。

动物世界

动物世界象征着所有消费者、用户、经营者、员工、合作企业和供应商，他们都能从新的简化中受益。这种新的简化能够带来更小的开支、更高的满意度、更少的投诉、更小的压力、更少的错误和更好的表现。

简单程序

成功

作用原理迁移

增加用法

组合事物

隐藏事物

审视过去

补充

优化调配

精简内容

目标

思维模式

简单产品

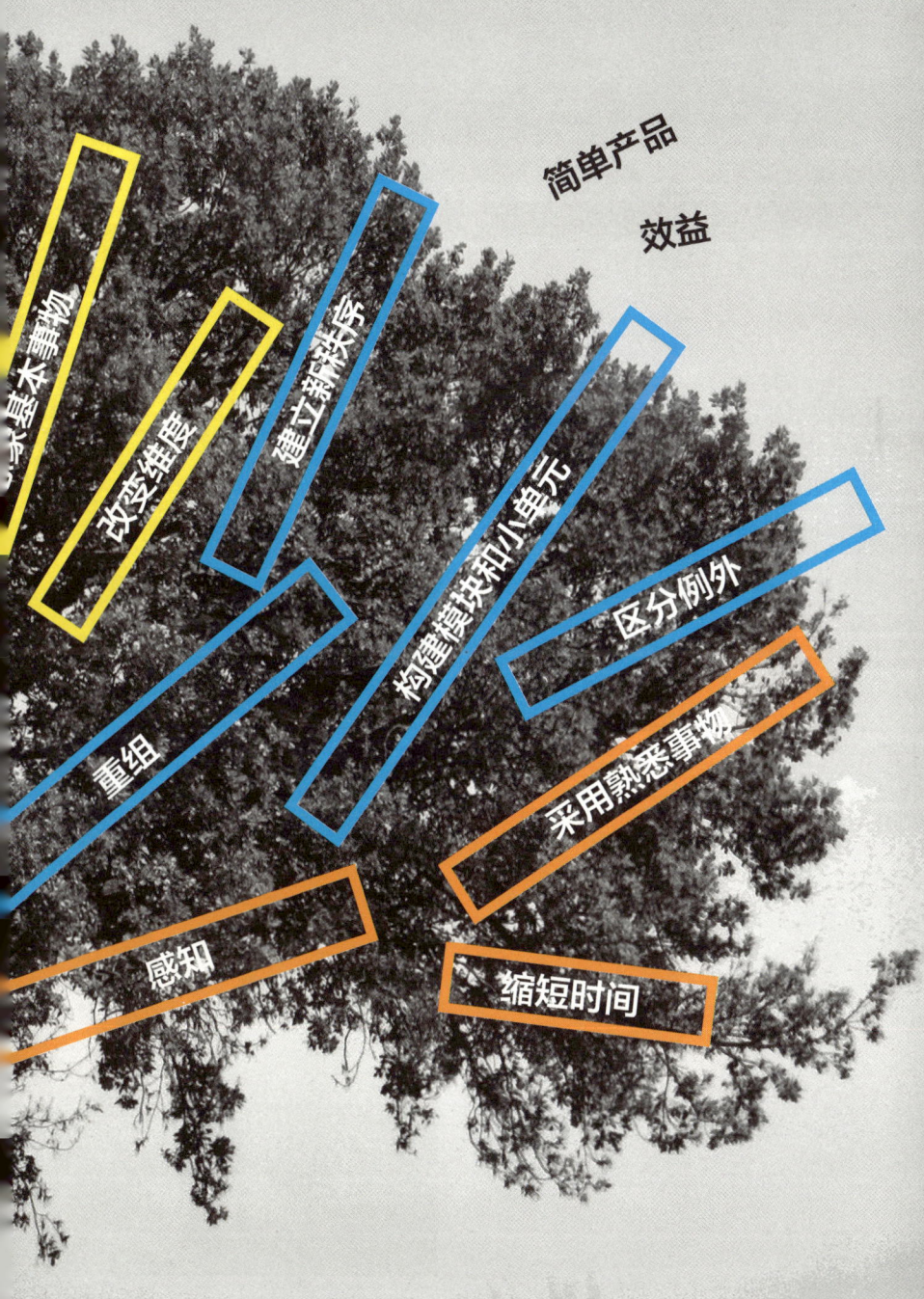

效益

承基本事物
改变维度
建立新秩序
构建模块和小单元
区分例外
重组
采用熟悉事物
感知
缩短时间

价值

3.3
简单化第一法则：
精炼

凡是不需要的、没有附加值或只有很小附加值的东西都无须替换，而是直接删除。

完美不是指再也没有东西能增加上去了，而是指再也不能拿走一样东西了。

——安托万·德·圣－埃克苏佩里

没有也可以

通过放弃获得优势：互联网引领潮流。

你不需要做一个技术宅或数字原住民，就能理解互联网运作的基本特征。例如，你需要网络浏览器才能浏览一个又一个的网页。每个孩子都知道浏览器是进入互联网的钥匙，它像一扇大窗户，用户只有通过它才能看到万维网五彩缤纷的世界。

没有浏览器，什么都做不了，这一点非常清楚！

果真如此吗？如果你与互联网专家和未来学家交谈，就会听到各种不同的说法。他们的基本观点是，好的传统浏览器限制越来越多！谷歌浏览器、火狐浏览器、IE浏览器、Safari浏览器……太复杂了！网站？快停用了！超链接？很快就多余了！

你认为这是不切实际的想法？那就看看你的智能手机吧！你在移动设备上安装的众多应用，都不过是一种瘦身迷你版的浏览器，能让你简单、快速并便捷地上网。

近些年来，人们对传统网络浏览器的要求越来越高。看电影、剪辑视频、编辑图片、听音乐、玩游戏、购物、聊天，一切都是在互联网窗口中直接实现。这种浏览器拥有太多功能和程序，占用大量内存，还有一个显著缺点：它会变得迟钝、易崩溃，易出现安全漏洞。

应用程序是浏览器这个网络庞然大物的精简替代品。人们不再是通过一个巨大的窗口体验整个互联网，而是通过许多小窗口。小而有针对性的互联网应用，自成体系，没有任何冗余的功能。

正是这种削减，这种对不必要附加功能的主动放弃，才使这些应用程序使用起来如此简单、方便。

自由少了，效率高了！

根据研究表明，全球越来越多的人在途中使用移动设备或平板电脑上网。只有少数人还在使用传统的台式计算机浏览网站，而且这一人数还在持续减少。

在大多数情况下，用户行为与过去相比发生的重大变化迟早会导致产品的相应调整，例如，经典网站目前正经历着丧失重要性的痛苦。

年复一年，数以百万计的网站从网络上消失。自主运营的网站意味着在内容和设计上拥有最大的自由度，但前提是有能力对其进行技术维护，并且吸引网站真正的目标受众，实现成功营销。

这一切都需要付出努力，但今天，人们可以轻松获利。以

Facebook 这样的超级应用为例，在这里，人们可以利用简单的工具进行营销、做广告，有针对性地对用户进行宣传。Facebook 提供了发货范围内的潜在新"朋友"（用户），人们再也不用自己去苦苦搜索了。

曾经的"互联网"是一个自主的、色彩斑斓的，但在某些时刻有些混乱的虚拟游乐场，但现在它逐渐成为一个有序的、有针对性的，并且尽可能方便用户的网络广场。诸如 Facebook、Twitter 或 Instagram 这样社交的超大型平台正在为网络定调。效率胜过自由，简单胜过复杂。"减到极致"的流行口号也为万维网指明了方向。

没有人知道 20 年后的互联网会是什么样子。可观察到的重要趋势是：通过智能手机而不是台式计算机接入互联网；参与全球化的超级网络而不是自主操作单个网页；手机应用程序越来越多。这些趋势展现出"精炼"法则的 3 种策略所蕴藏的巨大潜在影响力，这 3 种策略即审视过去、优化调配和精简内容。

▶"精炼"法则的成功不仅在于它带来的根本结果，即增加了用户的效益，还因为服务可以更快地被理解和处理，程序变得更精简，产品用起来更直观。旧的习惯被削减并要适应新的情况。

3.3.1 "审视过去"策略

经常去国外出差的人都知道，在纽约，出租车是黄色的；在北京，人们可以通过出租车的橙色边缘来识别它们；而在柏林，出租车的颜色则有一个美丽的官方名称：浅象牙色。

▶检查过去有效的东西在今天是否仍然有效。

在伦敦的道路上行驶着著名的"黑色出租车"，虽然这些传奇的出租车现在也不一定是黑色了，但它们的老爷车造型似乎显得与时代格格不入。黑色出租车是出租车中的齐柏林飞艇，即便是长颈鹿也能在宽敞的客舱中感到舒适自如。"为什么要有那么大的空间？"到访伦敦的游客可能会对此印象深刻并深感不解。这个问题的答案要从往昔的岁月中寻找：过去伦敦的出租车之所以这样设计，是为了让女士和先生们在乘车时可以戴着帽子。尽管过去的几十年中，时尚已经发生了翻天覆地的变化，但黑色出租车的车型至今也未因不戴帽子的新风尚做出任何调整。

无论在日常生活中，还是在商业活动中，很多事情之所以会是如此，只是因为它们"一直以来都是"。工作流程和内部程序之所以未被质疑，是因为人们"一直以来都是这样做的"。为什

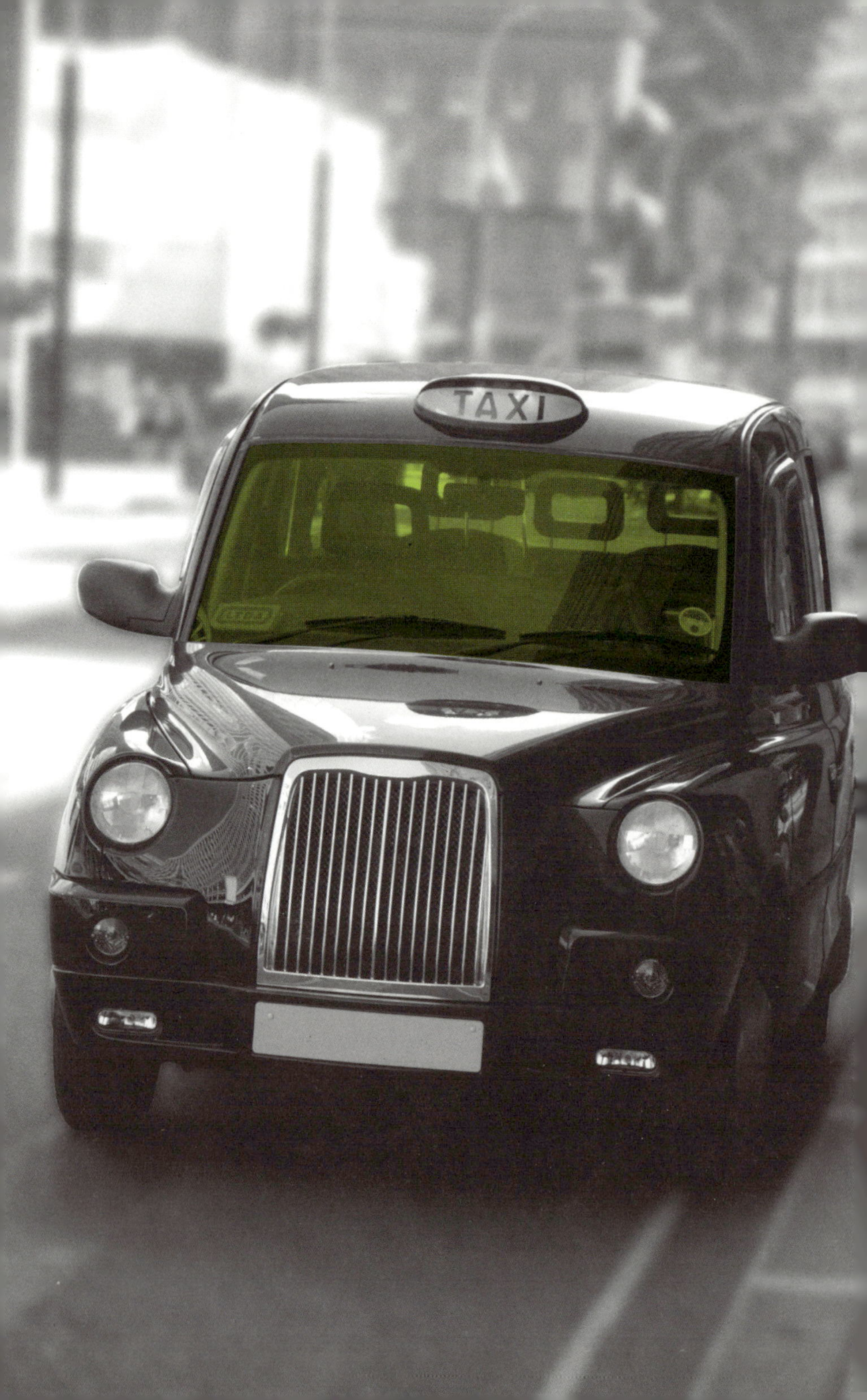
TAXI

▶"审视过去"策略可以帮助你对产品、服务和内部程序进行全面的现时检查。

么要无缘无故地离开熟悉的日常工作舒适区？既然某样东西还可以运转，为什么要改变它呢？

对于那些多年来操作流程运转顺畅、产品效果已经取得显著成效的企业来说，通往简单的道路往往并不容易，尤其是当过于复杂的流程或产品设备的问题还没有尖锐化的时候。只要问题没有明显到必须采取行动的地步，人们就会继续维持现状。毕竟，过去决定实施某些流程或将产品以某种形式推向市场是有充分理由的。但是，这些理由在今天还能成立吗？运营框架和市场环境是否依然如故？工作的效率和效益是否依旧存在？继续像以前一样能否真的有价值？还是到了该斩断旧习的时候了？

▶为了做到简单，应当经常运用"审视过去"的策略。你可以用它检查企业运营的方方面面，而不仅仅局限于明显的问题区域。即使看似行之有效的流程和事物，往往也蕴藏着很大的简化潜力。为了认识到这一点，让横向思维者和局外人参与到简化过程中来是很有意义的。

关于"审视过去"策略的启发式思考

我们还需要它吗?

技术是不是得到了进一步发展?

我们的哪些服务使用得越来越少?

我们这样做只是因为我们一直在这样做吗?

近年来，哪些环境因素对我们的经营情况产生了持续的影响？

我的产品哪些没有达到最先进的水平？

我们的哪些东西是基于传统的？

是否有将工作流程复杂化的旧习惯？

我们能否让久经考验的程序适应新情况？

传统就是好的吗

想象一下,你坐在市区最火爆的餐厅里,知名厨师烹饪的美味佳肴将为你带来难忘的享受,炫酷的酒单令你兴奋不已,侍酒师为你推荐了一款源自法国的极品葡萄酒,你已迫不及待地想要品尝了。葡萄酒被很有仪式感地端到你的面前,酒瓶上的标签看上去非常高端,你那颗热爱葡萄酒的心又开始加速跳动。

但接下来令人匪夷所思的事情发生了,侍酒师没有用红酒开瓶器很有格调地打开酒瓶的木塞,而是旋转一个俗气的螺旋盖。惊讶的神情在你的脸上蔓延。你万万没想到,这家顶级餐厅里竟然还有那么落伍的东西。

葡萄酒瓶的"正确"密封方式表明,传统有时会阻碍具有创新性的简化。从纯粹理性的角度来看,与传统的天然软木塞相比,螺旋盖有很多优势,不需要工具就可以轻松开瓶,而且排除了软木塞带来的危险。纯粹从质量的角度来看,螺旋盖大概是当今所有葡萄酒的最佳封口方式。

但螺旋盖最大的缺点是情感上的,一直以来,它们都传递着一种廉价的形象,并夺走了葡萄酒的部分情怀,略去了深得人心的开瓶仪式。开启一瓶葡萄酒已经成为一种具有社会意义和文化意义的行为,而关于密封的最佳技术问题则成了无关紧

PROPRIETE
MAISON
47018
Mis en Bouteille

要的小事。

　　当来自英国工业城市的黑色出租车生产商不得不申请破产时，这艘古色古香的伦敦出租车战舰，带着其发出巨大轰鸣声的柴油发动机和两吨多的自重，是否还能完全跟上时代的步伐，同样也成了无关紧要的问题。整个英国都陷入了担忧，人们担心继红色双层巴士之后，又一个移动的"国家圣物"从伦敦街头消失。2013年，黑色出租车绝处逢生，这让人们倍感安慰。虽然这些出租车现在是由中国吉利汽车集团生产的，但这完全没有影响到英国人喜悦的心情。

▶"审视过去"策略必须始终考虑到传统的重要性。传统可能是阻碍进行合理且有意义的简化的决定性因素。

15 Aldwych
Fleet Street
St Paul's Cathedral
TOWER HILL

案例
今天的进步就是明天的传统

通过仔细权衡传统的情感价值和创新简化的益处,"审视过去"策略开始走向成功。

电子书

长期以来,人们无法想象阅读时没有手握纸制书的感觉。相应地,电子书阅读器在我们这一地区的销售势头也迟迟没有起色。这与美国形成了鲜明的对比,在美国,数字图书迅速发展为数百万美元的生意。同时,我们也观察到电子书在图书市场所占的份额正在快速增长。用户操作直观的电子书阅读器不仅让爱好技术的年轻一代爱不释手,也让越来越多的总是在思考下一个书架该放哪儿的实用主义读者,在某一时刻意识到,电子书可以解决这一问题。

现代厨房岛台

过去烤箱和炉子总是一体的,这样做的理由很充分,因为火是它们共同的热源。虽然随着电气化厨房的出现,这种呆板的装置已经变得不再必要,但它们还是被保留了几十年。是勇气帮助我们打破这种已经无意义的设计法则，为通向现代厨房铺平了道路，独立的厨房岛台和多功能独立厨房组件，让操作更加便利。

尾气检测

原则上，汽车尾气检测已无必要。现如今，相应的错误信息由电子控制系统传输。

开启车门

从现在的技术角度来看，汽车钥匙是多余的，已经没有了存在的必要。尽管如此，大多数汽车在交付时仍带有钥匙系统。一种创新的替代方法是具有多种功能的卡片系统，例如打开、关闭和启动汽车。它的双重优势是，人们的双手得到了解放，卡片也可以被很好地存放起来。

网上购物

网上购物让几乎所有去往商店的路都变得多余。

邮寄

传统的邮票曾是支付邮资的唯一方式，现在要寄一封信，则有各种各样的方式，已经不需要去邮局了。

旅行闹钟和袖珍计算器

过去,每一个行李箱或公文包里都装有一个旅行闹钟和一个标准的袖珍计算器。现在,几乎没有人再需要这些电子辅助了,因为几乎所有人都有一部智能手机,都具备必要的闹钟和计算功能。

提货站

商店的营业时间和送货上门时必须当面签收的麻烦规定,因为提货站的出现而作废。在提货站,之前订购的产品可以顺利完成交接。

在线流媒体

没有电视就看不了电影——这已经是过去时了。得益于网飞等在线流媒体服务,人们现在可以在任何安装了有关应用程序的网络连接设备上随心所欲地观看电影和电视剧。智能电视、游戏机、流媒体播放器、智能手机和平板电脑正在取代传统的播放设备。

3.3.2 "优化调配"策略

为什么总是我？即使是孩子，也已经能够觉察出，这个问题有其自身的合理性。在讨论谁来收拾桌子、谁来洗碗、谁去扔垃圾时，聪明的小家伙们就已经发现了调配的优势。为什

▶ **如果一件事情可以通过转移到另一个部门得到简化，那就应该将这件事情委托出去。**

么兄弟姐妹一样可以做好的事情，却偏偏由我来做？

我们不想否认，孩子们努力把工作移交给别人，是为了让自己轻松，为了摆脱烦琐的工作，为了过上简单舒适的生活。

但是，"优化调配"策略并不是简单地逃避付出。调配本身并不意味着简化。只有在工作被调配后能够提高整体效率、增强独立性或提高满意度的情况下，才能实现简单。

为了确保"优化调配"策略的成功，就必须对初始情况进行准确分析。这总是绕不开一个问题：一项工作、一个程序步骤或一个产品部件，是否必须由我们自己来执行、承担或生产？或者说，某一事物是否可以从现有的事物中分离出来，并移交到其他地方，从而使整体或部分得到简化？在该问题中，有两个方面是最重要的：什么事情可以委托给谁？谁将从中受益？因为与任何

简化策略一样，我们首先需要澄清一些问题，即我们是为谁进行简化？为了用户？为了员工？还是为了供应商？

▶ **只有整个过程的各个阶段都变得更高效或更令人满意时，"优化调配"才能把事情变得更简单。如果仅将在自己领域内被证明为障碍的问题"外包"出去，这从整体上来说并没有益处。**

关于"优化调配"策略的启发式思考

为了更快地生产产品,我们应当把什么外包出去?

我们的用户可以在等待期内自己做一些事情吗?

为了提供更优质的服务,我们应当在哪些地方下放工作任务?

welche Tätigkeit kann der Lieferant/Kunde für uns übernehmen?

供应商或用户可以接手哪些工作?

WELCHE TÄTIGKEITEN KÖNNEN BESSER DURCH DRITTE WAHR-GENOMMEN WERDEN, DAMIT UNSERE FLEXIBILITÄT STEIGT?

为了提高我们的灵活性,哪些工作可以通过第三方代理更好地完成?

你的新员工：用户

在超市购物是一件令人倍感压力的事情。任何曾在星期六去过超市，在寥寥可数的尚在服务中的收银台前排过无穷无尽长队的人都深有体会。且大多数时，你自己所在的队伍不会前进，即使换到另一支中队伍也无济于事，因为停滞不前的总是你所在的队伍。顺利前进的永远只是相邻的队伍——这是一条颠扑不破的自然法则。

相比之下，自助扫描系统的出现是件多么令人欣慰的事啊！它免去了人们在收银台前排队的辛苦。顾客可以在购物的过程中使用手持扫描仪或智能手机自行扫描所有商品，直接将其放入购物袋中。这还带来了一个很好的结果：在购物过程中，累计购买金额持续可见。在购物结束后，人们在自助服务终端上进行无现金支付。

同样，自助结账系统也在逐渐兴起。通过这一系统，顾客可以在购物结束后，在自助收银机扫码商品并进行支付。与传统的收银台相比，自助收银机所需的空间明显减小。因此，增加自助收银机的数量就可以显著缩短顾客的等待时间。

自助扫描和自助结账给顾客留下的第一印象都是成功的简化系统，帮助顾客节省了时间，并且避免了精神上等待的痛苦。只有在转念一想时，顾客才恍然大悟，原来工作被委托给了自己。这项被误以为是针对顾客的简化措施，原来不过是一项经过深思熟虑的企业合理化措施。通过让顾客承接此前由收银员完成的工作，超市分店的人工成本显著降低，员工也可以被更灵活地调配到其他岗位。与此同时，减少排队等候时间也可以明显地减轻顾客的压力，尽管顾客在购物过程中增加了工作量，但至少他们感觉购物变得更轻松了。

▶ **通过巧妙地将工作委托给用户，企业可以提高运营效率，同时让用户使用服务时感觉更简单。**

然而，只有当顾客的知识和经验足以让其独立完成被委托的工作时，将工作委托给顾客才具有意义。

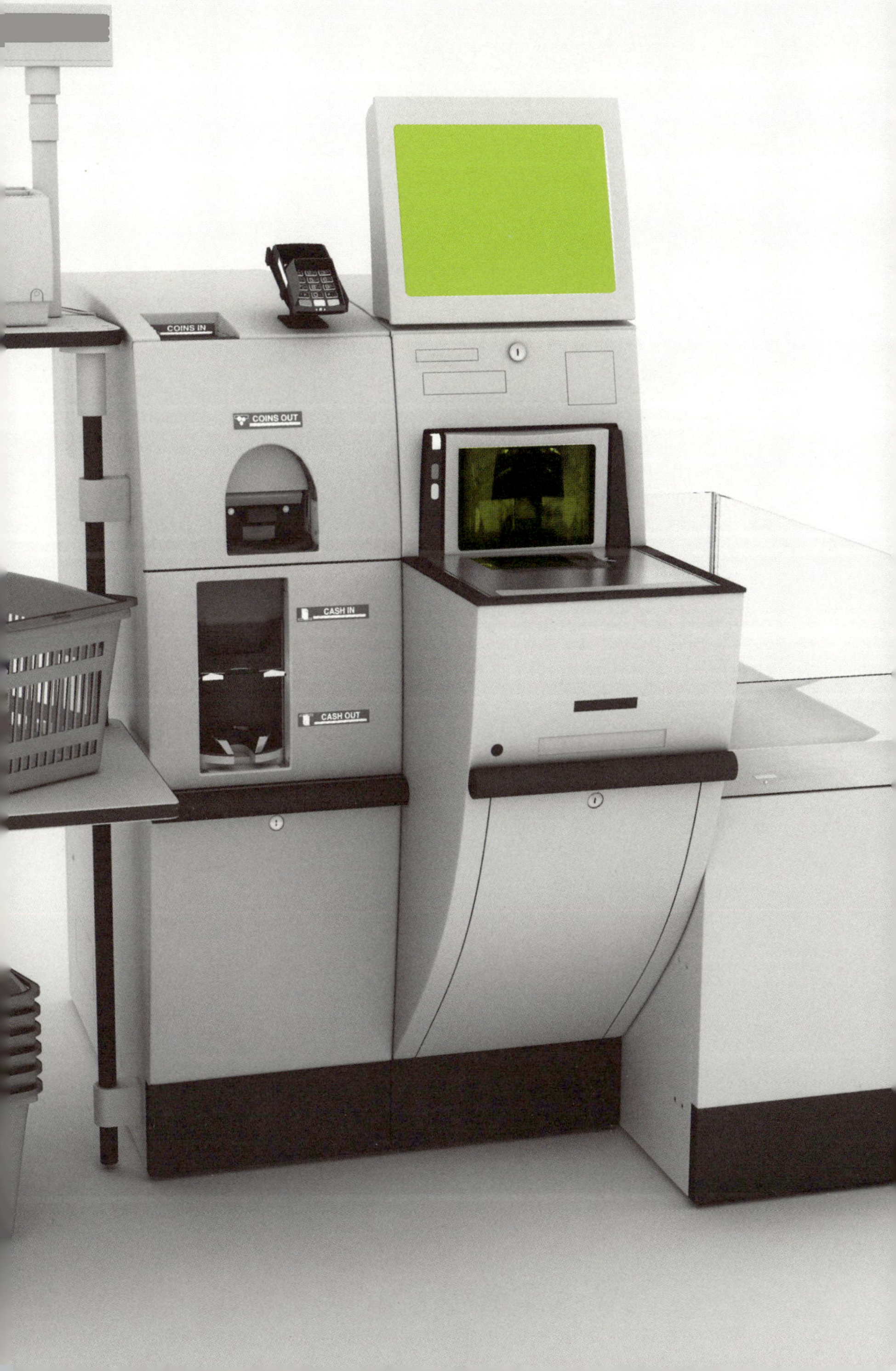
COINS IN
COINS OUT
CASH IN
CASH OUT

案例
善于委托就是善于投资

如果优化调配可以带来更多的简化,这将从两个方面增加市场机会:操作程序效率提高,用户利益得到扩大。

无缝旅行

无缝旅行——这就是苏黎世机场想要实现的。为了尽可能让旅客快速、独立地出行,从办理登机手续到飞机起飞的所有步骤都是自动化的。现在大多数旅客已经通过计算机、智能手机或自助值机柜台办理登机手续,瑞士旅客还获得了行李托运的电子服务。机场省钱,旅客省时。

在家购物

用户在网上订购所需食品,供应商在一定的时间内将这些食品送到用户家中。下单不受时间和地点的限制,并确定了货物的交付时间。这样做带来的结果是:减轻了用户购物时的压力,节省了时间。常规的购物活动被委托出去,用户现在有了更多的自由空间,可以从事其他活动。

票务

机票、电影票、火车票、音乐会门票等均可在网上预订。用户输入支付指令所需的数据,并决定立即打印票据、邮寄纸质票据,还是通过短信获得电子票据或直接获取条形码电子票据。这对售票方和用户来说都是一种简化。

电子警察

最近的警察局在哪里?现在你不用再问这个问题了。举报盗窃自行车等违法行为可以在门户网站填写电子表格,随时提交给警方。

消息推送

无须打开相应的应用程序,人们就可以在智能手机上收到时政新闻、股市消息、天气预报、体育比赛结果等消息推送。

保险

保险的申请可以在网上完成,传统的文书工作正逐渐被淘汰了。

语音导览

博物馆或景点的语音导览设备,承担了博物馆解说或景点导游的功能。

3.3.3 "精简内容"策略

▶ **检查现有元素或功能的必要性，如无必要，则直接删除，不作替换。**

简单可以拯救生命！这一点在现代家庭紧急呼叫系统中表现得尤为明显。家庭紧急呼叫系统是与紧急呼叫中心相连接的电子报告系统。它让需要护理的人、老年人以及独居者在紧急情况下，即便无法及时拨通电话，也能向外界求助。

这种紧急呼叫系统的关键之处在于简单直观的操作。在紧急情况下，不应该再有任何事物让用户困惑和分心，最重要的事情是便捷地获得快速、有效的援助。然而，由于市场竞争，随着时间的推移，许多紧急呼叫服务发展成为各种服务的提供者：可以连接防盗警报器、火灾警报器、位置传感器、触发式警报器、煤气泄漏警报器，提供叫醒服务、服药提醒以及特殊菜单服务。设备越来越不易了解，指令要求越来越高，操作越来越复杂。对于一些在紧急情况下需要帮助的人来说，这些服务太复杂了，以至于德国消费者中心建议老年人要提前对紧急呼叫服务的附加服务进行认真研究。

这也不一定总是与生死攸关的大事，有时候带有多余附加功能的产品实在是令人讨厌。例如，可以连接互联网的咖啡机，可以放映家庭数字相册照片的导航设备，只需一键就可以将屏幕变成化妆镜的手机。

计算机操作系统也有许多多余的内容。比如，到目前为止你玩过一次网络黑白棋吗？大量的附加程序常使操作系统超负荷运转，但却让整个软件包第一眼看上去显得很高级。在大多数计算机中，许多附加的应用程序都未能被使用，却毫无理由地占用硬盘和内存的空间。

如今，创新能力往往与最具创意的产品开发画等号。这就会导致所谓的过度设计，即从用户的角度来看，产品充斥着多余的功能。多余的附加功能可能是创新产品不能在市场上得到普遍认同的决定性原因，因为用户利益减少，而功能范围太大导致成本提高。

现在，很多用户都希望设备能够直观地操作，不用研究复杂的操作手册就能使用。在运用"精简内容"策略时，要将产品、服务和经营理念精简到只保留其本质的层面。人们要把自己与那些并非真正需要的东西分开，并有意识地放弃那些很少使用或从不使用的附加功能。

▶"精简内容"策略，通过无替代地删除那些用户很少使用或从未使用的，或已经成为冗余的附加功能与服务，来实现更多的简化。

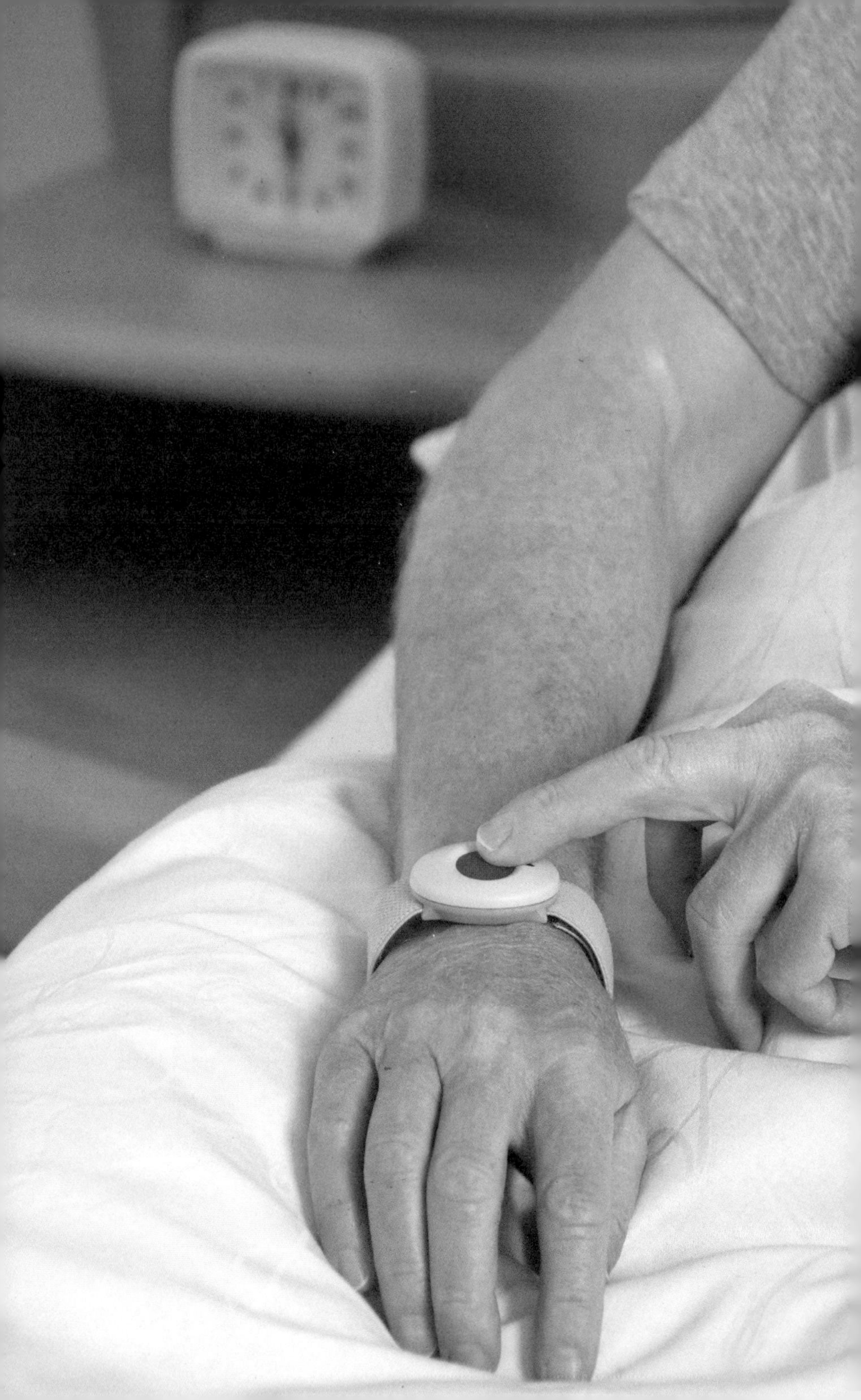

关于"精简内容"策略的启发式思考

在不影响质量的情况下，可以省去哪些步骤？

在不影响销售额的情况下，我们可以精简哪些内容以提高灵活性？

如何使我们的用户在第一时间就能够正确操作产品？

用户最不认可的地方是什么?

用户对产品提出了哪些复杂的问题?

什么东西不是真正的必不可少?

如果必须删除五项功能,应该删除哪些呢?

哪些功能使用得频率最少?

看得见的简单

如果你把 15 年前的网站和现在的网站进行对比，就会惊奇地发现：你根本认不出来了！过去，网站都像创意烟花，用令人炫目的 flash 引导页、闪动的鼠标切换效果和花里胡哨的动画来吸引用户。如今，清醒和务实占据了上风。2016 年建立的网站在引导用户尽快找到想要的内容，分散注意力和拐弯抹角是不可取的，因为它们只会带来让时间宝贵的用户感到疲倦并点击退出的风险。那些曾经让一个网站独树一帜的玩乐元素，如今已经不再受用，如今，技术最先进的网站看上去也都是大同小异的。

成功的纯粹主义设计的最佳范例——世界上访问量最大的网站！在谷歌的搜索引擎上，没有广告横幅或闪烁的图片扰乱用户的视线，而这些元素在竞争对手中却很常见。一个简单的搜索区域附上公司的名称就足够了，没有任何东西能将人们的注意力从最重要的事情上分散开来。

▶ 简单可以通过简约、质朴的设计实现。将设计精简到只保留本质的东西，就可以让产品变得人性化。

然而，并不仅仅是时代精神促进了互联网设计的简化，网络行业的"温柔"压力也起到了推动作用。最近，那些设计过于复杂的网站，由于无法在智能手机和平板电脑上很好地显示，因此，在谷歌相关指数排名中位列较差。举例来说，排名降低的原因可能是字体大小不合适，导航功能无法在触摸屏上用手指轻松地操作，或者内容通常无法在移动设备上显示。

案例
成功的弦乐音乐会

无替换地删除不使用的附加功能和服务，可以带来便捷成功，这背后的原因是多方面的：增强了产品、服务和商业模式的用户黏度，节省了不必要的开支。

老年手机

很多老年人使用手机只是为了拨打电话，且大多数情况下，他们总是拨打同样的 3 到 5 个号码。那为什么还要设置那些可能都使用不到的功能呢？删除这些功能，可以让设备使用起来更加方便，同时可视性和操作性也能得到提升，设备聚焦了最本质的功能——打电话。这样一来，输入错误就减少了，用户也不会感到不知所措。

手表

秒表、深度计、气压计等手表的附加功能已经过时了，手表又变成了一个纯粹的时间指示器。

交通标志

道路交通标志丛林中的达尔文主义：不重要的标志和信号被移除，进而提升人们对重要标志和信号的关注。

医疗保险

只保留最必要的基本保险，不附加补充保险。

MP3 播放器

MP3 播放器的充电器被省去，因为在人们通过 USB 接口将 MP3 和计算机连接进行音乐管理的同时，就可以对 MP3 充电了，操作起来十分方便。

操作说明

操作说明或软件驱动程序不再以手册或光盘等实物形式附送，取而代之的是随时可以从网上下载到最新版本。

计算机鼠标

现代计算机鼠标只有一个按钮，而不是由四个按钮和一个滚轮组成。

检票

在瑞士的城市地区,检票员不再是列车上的固定工作人员,现在检票员只是进行抽查。

检查滑雪通行证

在滑雪缆车上,取消了对滑雪通行证的检查,因为每个来这一地区旅行的人都需要滑雪通行证。

发票单据

在许多商店,如苹果专卖店,已经不再打印纸质发票了,而是以 PDF 的格式将电子票据发送到用户的个人邮箱。

3.3.4 小结

精简法则

由于服务可以更快地被理解和处理,程序变得更精简,产品用起来更便捷,因此,用户的效益得以提升。旧的习惯被削减并要适应新的情况。

> **"审视过去"策略**
>
> 检查过去有效的东西在今天是否仍然有效。
>
> 该策略适用于对初始情况进行整体研究。在对情况进行分析后,你会发现自己已经站到了简化过程的起点。

> **"优化调配"策略**
>
> 如果一件事情可以通过转移到另一个部门得到简化,那就应该将这件事情调配出去。
>
> 该策略对于分析以前的流程和设计新的服务项目具有重要价值。

> **"精简内容"策略**
>
> 检查现有元素或功能的必要性,如无必要,则直接删除,不作替换。
>
> 该策略可以带来更多的简化,增加用户利益,降低不必要的成本。

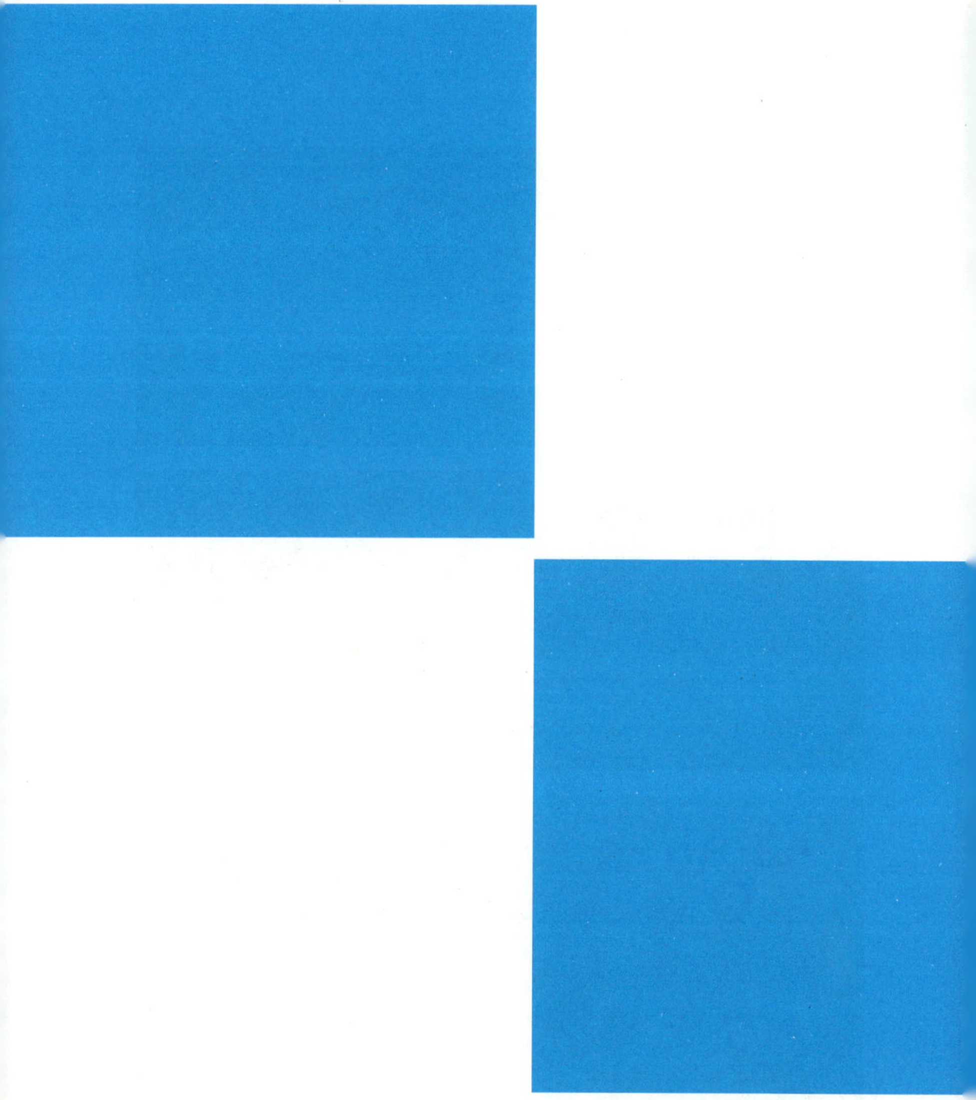

3.4
简单化
第二法则:
重组

改变序列,重新划分子步骤或功能,重新设定优先次序。

简单点吧，人们！

——克拉伦斯·约翰逊

让一切剧烈地动起来

成功的重组：如何向尤阿希姆·勒夫（Joachim Löw）学习？

还记得 2014 年的巴西世界杯吗？如果你来自德国，肯定会记得。因为你怎么可能忘掉德国国家队的大获全胜呢？

国家队教练尤阿希姆·勒夫为德国队的成功立下了汗马功劳。在本届世界杯开幕后的很长一段时间内，比赛对德国队而言绝非像周日漫步一样轻松。与加纳队未分胜负、小胜美国队、在加时赛中艰难地战胜阿尔及利亚队，在刚开始的几场比赛中，德国队的战术遇到了不少麻烦。

随后，勒夫对整支球队进行了大幅调整，他冒险对 11 名主力队员进行了系统突变，让一些固定位置的球员去负责新的位置。他命令球队队长菲利普·拉姆重新回到右后卫的位置上。此前，他出乎意料却又十分固执地让拉姆踢中场，他把热罗姆·博阿滕移到防守中心，又让巴斯蒂安·施魏因施泰格接替拉姆的中场位置。

虽然只是简单地重新分配了 3 名球员的站位，就立刻让整场比赛发生了根本性的转变。尽管场上的球员还和前几场比赛时一样，但进攻的发起突然变得简单了许多，中场组织更加多变，对对手的压制也更有效率。在本届世界杯余下的比赛中，德国队一骑绝尘，以7∶1的绝对优势大胜巴西队的比赛令人难以忘怀，随后又在决赛中击败阿根廷队，一举问鼎。

球迷们对勒夫的黄金战术津津乐道，而从简单化的角度得出的结论则是：勒夫成功地对球队进行了重组。

在公众的眼中，"重组"一词意味着困难，因为它总是用来处理很重要的形象问题。人们主

▶**在很多情况下，重组法则建立在现有经验的基础上。为了把某件事情变得更简单，要有意识地让已有的经验与新的观点进行碰撞。**

要从企业领导者和注重利润管理咨询顾问的口中听说，这些人用重组来说明节约行动和降低成本。从管理的角度来看，似乎不再进行痛苦的裁员，就无法实现企业整合一样。

然而，"重组"法则具有更强大、更积极的作用。重组并不意味着"淘汰""减少"或"解雇"，而是"重新整理"或"重新组织"。创造附加值、提高满意度、打造差异化甚至独特性，这些可能都是重组的结果。

通过有针对性的重组进行的简化，可以让整个行业发生根本性的改变。现如今，人们使用预制混凝土构件建造房屋，过去则需要在施工现场费力地浇筑，如楼梯或整个污水管道。在这里，人们对工作流程进行了重组，这对开展相关的活动，包括整个设

计规划都产生了重大影响：在同一个场地生产可以显著简化流程，并实现装配的标准化。

▶ 你可以将重组法则的基本理念运用到程序、产品和服务中。取得成功的决定性因素是，即使现有的事物表面运转良好，也要经常对其进行质疑、复盘。

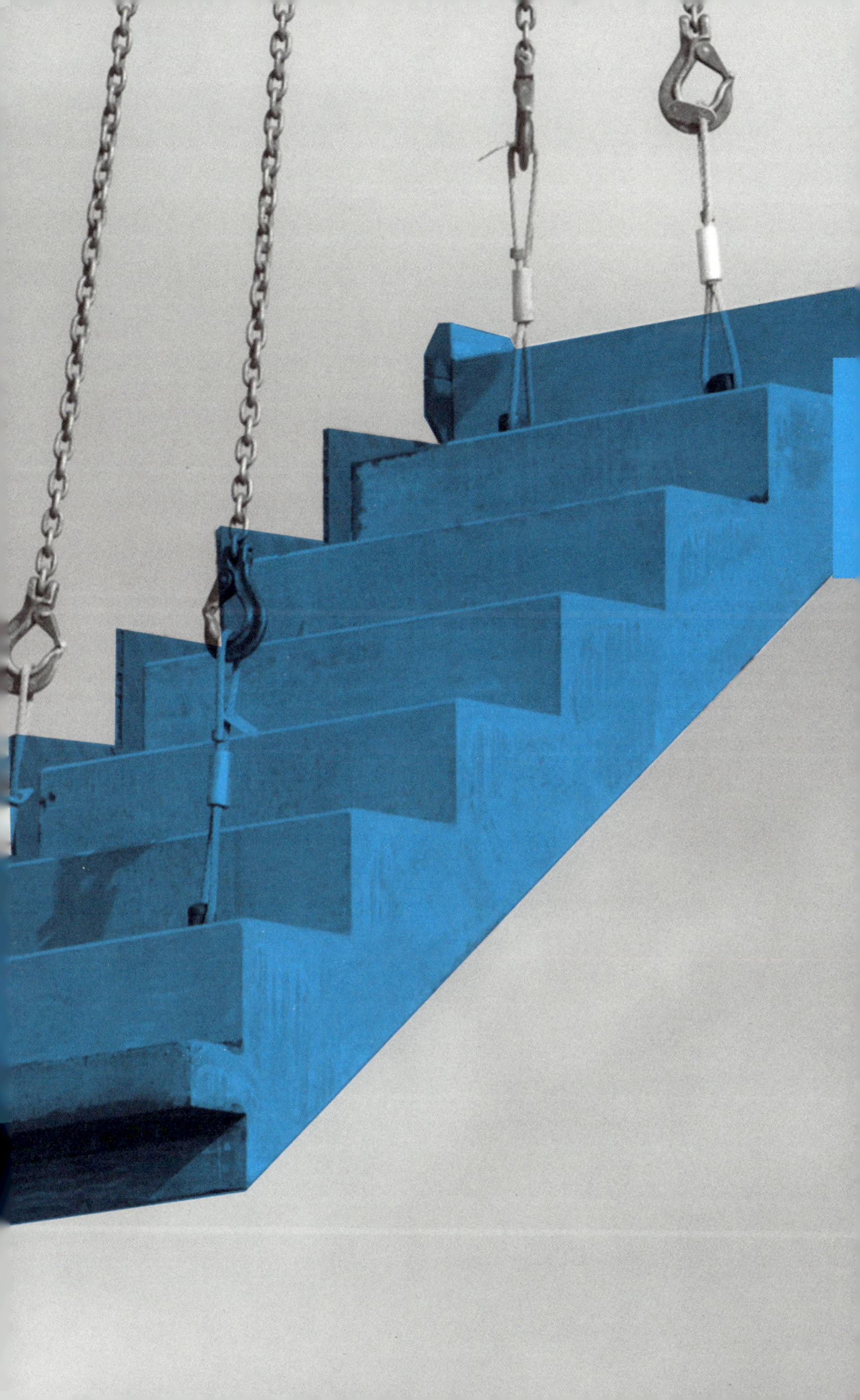

经验绝不意味着，你可以连续35年都把事情做得很糟糕。

——库尔特·图霍夫斯基

3.4.1 "建立新秩序"策略

▶ **检查你的指令安排和工作程序中现有的要素和功能，如有必要，对其进行重新排列。**

你现在还会时不时听一听广播吗？如果你正在厨房汗流浃背地忙碌着，为即将到来的饥肠辘辘的朋友准备精致的美食，那么来一点背景音乐可以很好地缓解东道主紧张的情绪。

然后，在你丝毫没有准备的情况下，突然从收音机里传出一首歌，你一听倾心，决定购买这首歌，但是电台主持人播报歌名的声音却淹没在抽油烟机风扇的响声里。上网快速查看电台的播放列表是不可能的，否则你的菲力牛排会烧焦，那该怎么办呢？

在瑞士卢塞恩，要解决这个问题很简单。有一家名为3FACH的当地电台在自己工作室的办公区内开设了一家唱片店。它的特别之处在于，店里的黑胶唱片并不是按照艺术家或流派来分类，而是按照歌曲播出的电台节目。现在大多数电台听众都会在网上搜索某首歌曲，针对这部分人群，他们把网络播放列表的原理成功转移到了现实世界。这样，你就可以放心地继续做饭，之后也能找到自己喜欢的那首歌。

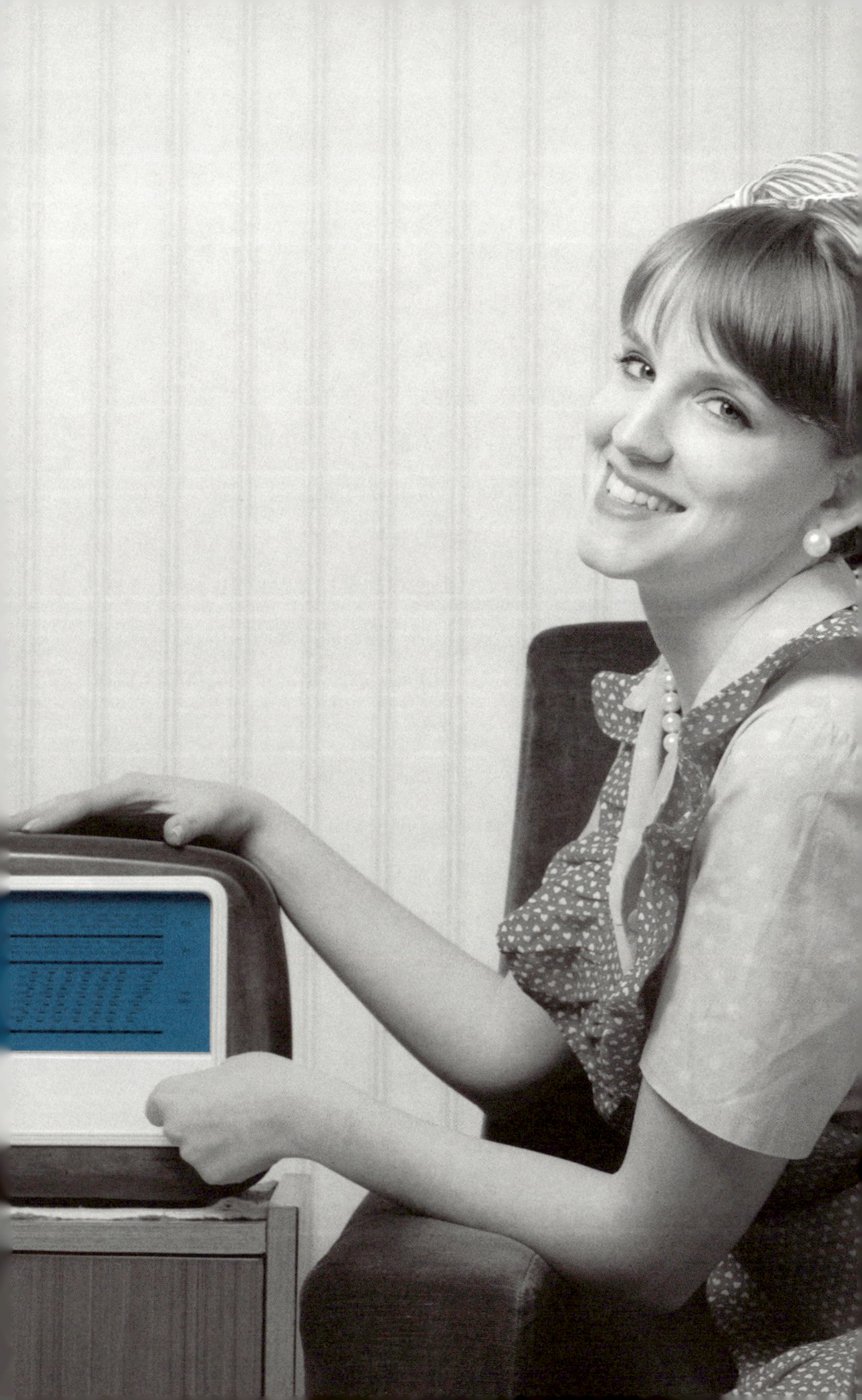

提到做饭，你如何烹饪一道你从来没有做过的菜呢？比如，烹饪巴西菜卡皮沙巴（Capixaba），那不是很有趣吗？如果不是去超市搜寻这道异国菜肴所需的大量配料太过烦琐，原则上，这应当是件很有意思的事了。现在好了，在柏林、汉堡等德国城市，有专门的食品店可以弥补这一不足，在这些店里，食品是按照菜谱分类的。无论是泰式鸡肉、黄瓜酸奶汤还是柠檬提拉米苏，在摆满新鲜食材的独立桌子上，你可以立即找到某样菜品所需的一切食材，包括一份打印出来的菜谱，食材按照两人份、四人份或更多人份整齐地摆放着。

▶ **秩序的形成不应该是纯粹的偶然，它始终追求一个明确的目标。**

为了实现简化，应该定期对现有秩序进行根本性质疑。这样做的动力不是一定要找到问题，仅仅是环境和技术在不断发展这一事实，就要求我们不断审查现有的关系和程序。例如，"近场通信"（NFC）技术将我们的手机变成了钱包，简化了支付流程，过去在终端设备刷卡支付，首先需要费力地输入密码，然后点击确定键确认金额。如今，这种支付方式已经过时了，用户只需将自己的智能手机举到 NFC 扫描仪前即可。无须进一步认证，你就可以购买车票或在超市收银台前进行付款，免去了输入密码或签名的麻烦。

流程一旦确立，就会被视为理所当然。人们认为这些流程是最佳的。因为到目前为止，与它们相关的经验都还不错。但是，这始终是一种危险,因为,习惯通常是改变的障碍。相反,重新认识可能的机会可以释放隐藏的潜力,创造新的效益。

▶ 重新整理要素或功能是经常使用的一种策略。激进的方法会从根本上质疑功能或子步骤,影响较小的方法是只改变某个顺序或把功能合并起来。

关于"建立新秩序"策略的启发式思考

哪些子步骤不一定是密不可分的?

哪些子步骤必须始终按照同样的顺序进行,哪些则不需要?

路线、等待时间、变体及其他要素可以并行或整合吗?

流程中的哪些功能可以与其他事物相结合?

哪些功能可以合并到一个组?

哪些功能可以并行开展?

哪些环境因素发生了变化,这些变化对我们的组织结构有什么样的影响?

请结账

你利用午休时间暂时离开了办公室，想去街角的餐厅吃点简餐，有时候这种感觉真的很好，但要是点餐和结账不需要那么久，不用总为上班迟到而提心吊胆就更好了。

现在没有这种紧张感了，这多亏了电子辅助设备，它极大地加快和简化了餐厅的订单处理过程。订单被直接输入到程序中，并通过网络传输到 POS 系统和后厨。顾客在买单时，服务员启动结账程序，在顾客的餐桌前直接打印出账单。服务员在收银台和餐桌之间的走动明显减少，顾客的等待时间大大缩短，即便必须在下午两点前赶去开会，也不用那么紧张了。

▶"建立新秩序"的策略能够帮助我们找到简便、高效、灵活的解决方案。我们可以借助其他辅助设备实现功能运转，可以省略子步骤或对子步骤进行优化重组。

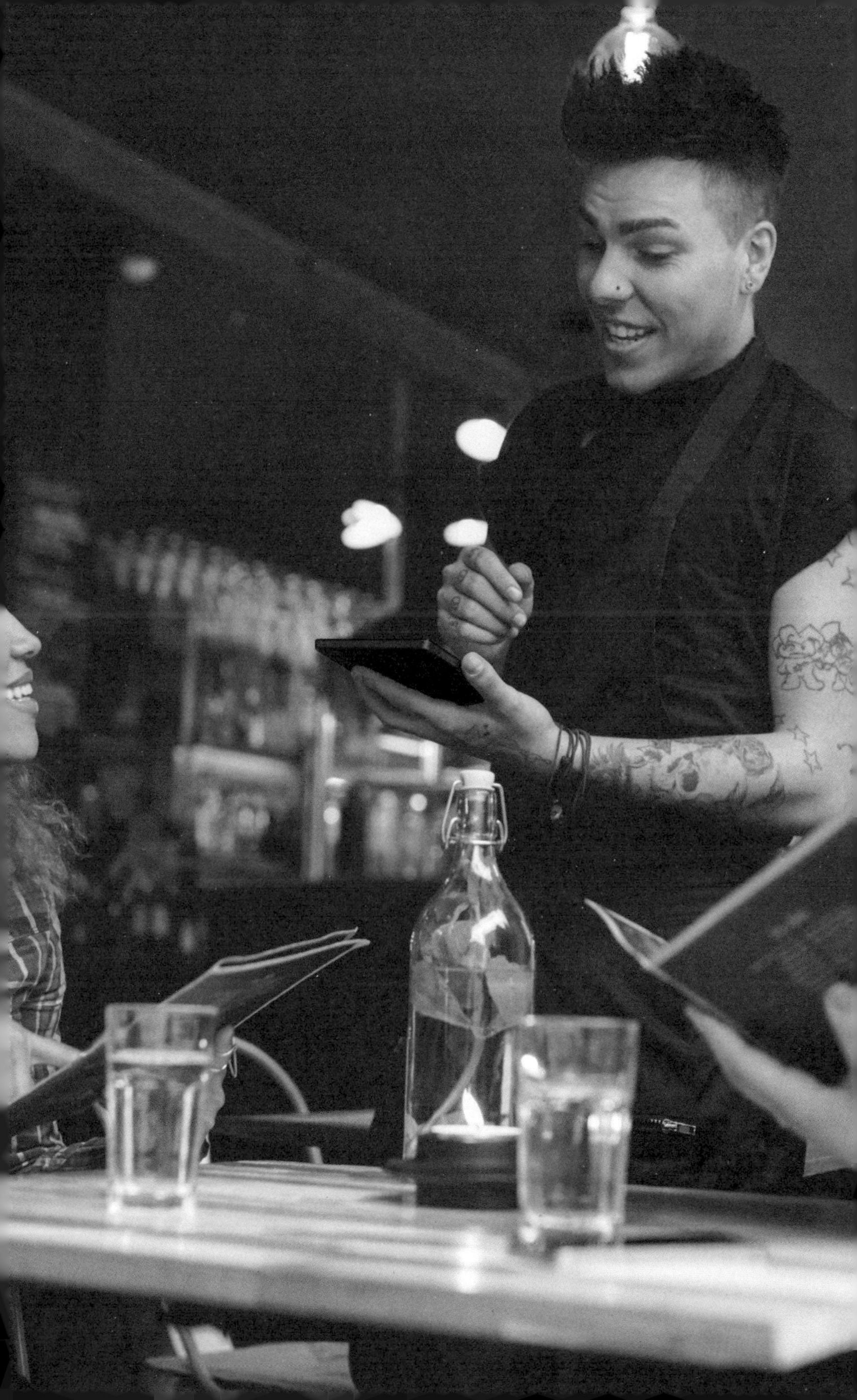

案例
另辟蹊径

把你的办公室再整理一下，能让没有条理的员工工作起来更轻松的事情，在某种意义上也应该推荐给企业。下面的例子说明了如何通过建立新秩序简化产品、服务和程序。

1 小时可取的眼镜

许多上了年纪的人，都需要佩戴眼镜，因为它能让很多事情变得轻松。如果你走进一家眼镜店，1 小时后就能拿到一副全新的眼镜，那该有多高效啊！这并非不可能。现在已经出现了一些带有小型工作坊的眼镜店，它们可以及时加工镜片。这让整个交易流程被重组，功能被整合，员工也被赋予了新的技能。许多事情也因此变得更简单，避免了不同中间环节的长途运输和接洽，顾客在做出购买决定后也无须等待好几天才能拿到新的眼镜。

电子政务

你需要一本新护照？这个问题从来没有像今天这样简单过。去护照办公室登记、亲自去现场拍摄照片，这些程序全都省去了。根据新的技术条件，人们对整个护照办理流程进行了重新设定：你今天在网上预约一个名额，10分钟后，你已经通过自动程序申请到了新护照，之后，新护照会根据你填写的邮寄地址寄到你手上。

印章服务
印章与附有相应文字的凭证一起出售。

快速选择按键
我们的通信方式在不断变化，电子设备的键盘也随之进行了相应改变。突然间变得常用的字符组合会被重新排列，例如，iPhone上的".com"，或者特定国家的按键，如".de"".ch"".at"等，一个新的按键由一些单个的字符组成。根据不同的应用领域，键盘会具有特定的顺序，被选中的按键将获得一个新的优先级。写邮件的键盘与写短信的键盘看起来也有相应的区别。

汽车网站
汽车网站提供按车辆类型、生产年份或价格进行的灵活分类选择，让用户可以在互联网上轻松购车。

葡萄酒商店
在葡萄酒商店，葡萄酒通常是按国家分类的。葡萄酒爱好者要想找到适合自己口味的葡萄酒并不容易。一款葡萄酒是源自意大利、西班牙还是葡萄牙,并不能特别地反映出它的气味、果香、酒体和余味。因此,另一种方法是根据葡萄酒的特性进行分类,一边是果香浓郁的葡萄酒,另一边是高丹宁的葡萄酒,顾客立刻就知道应该去哪里寻找自己想要的葡萄酒了。

3.4.2 "构建模块和小单元"策略

想要了解"构建模块和小单元"策略的影响力,只需要去孩子们的房间里看看就知道了。虽然这些房间各式各样,居住在里面的小家伙们也有不同的喜好,但几乎哪里都少不了它的身影——乐高积木。几乎没有任

▶ **有针对性地将单元组合成模块或分解为更小的单元。**

何玩具的受欢迎程度可以比拟这种来自丹麦的彩色小积木。乐高集团能成为世界上最大的玩具制造商,绝不是空穴来风。

乐高积木的结构非常简单,但它所蕴含的创造力和灵活性却是无可比拟的。无论是塔楼、桥梁、铁路、古典交响乐团、白金汉宫和女王、日本科幻格斗机器人、八轴全轮驱动月球车、张牙舞爪的霸王龙,还是能看一整晚的动画、游戏、电影,没有什么是这些彩色小积木实现不了的。仅仅是两块颜色相同的乐高基础款积木,就可以组合成 20 多种不同的造型。如果你有 7 块积木,那就能组合成超过 800 多种可能的造型,你的空闲时间可有的忙了。

总而言之,乐高积木可以以各种各样的方式拼装,从而产生无数种可能的组合。这种见解可以很好地运用到简化的实施中

去。苹果公司很早就明白了这一点，他们的充电器是根据类似乐高的模块化原理设计的，十分高效。因此，笔记本电脑充电器总是配有一根单独的带有特定插头的电线。标准化的充电装置可以反复使用并大量生产，这对用户来说也有好处，如果需要去国外只需购买一条带有合适插头的电线，而不需要购买新的充电器。这样，充电器的使用更灵活，整体操作也更简单了。

▶ **有意识地构建小单元和模块，可以简化产品的使用。单元无法再进一步细分，模块是可以灵活使用的目标单元组合。**

小单元和模块可以让你的处境更加安全，这是千真万确的事实：想一下电动工具上损坏的电线，这类事故可能会危及生命，必须由专业人员紧急维修。但是，如果用功能相关的模块构建思路来处理这个问题，就会很快发现，电线不一定必须成为电器的一个固定组成部分。通过标准插座连接线，人们可以使用规格统一、价格便宜且随处可见的标准电线。这样一来，更换电缆就方便多了。不需要专业人员，电动工具马上就能恢复运转，而且在不同的应用领域，机器的使用都会变得更加容易。

"构建模块和小单元"策略尤为适合技术、功能或服务可以进行细分的情况。创造性地选择细分标准，可以产生新颖且简单的解决方案。应用该策略时，并不是绝对要以当前的解决方案作为简化的起点，产品变体也可以在考虑到简单性的前提下，从头开始开发。

构建小单元和模块,可以使产品设计更加与众不同并提高产品辨识度。此外,产品变体的构件减少,也能简化物料配置和维修服务。

▶ **模块和小单元构建以后,在理想状况下,用户和制造商都会感到更简单,这不仅适用于服务,也适用于产品功能和产品开发。**

关于"构建模块和小单元"策略的启发式思考

哪些单元是标准的,哪些单元必须具有灵活性?

哪些单元在技术上可以归为一类?

什么能够被分解为小单元?

从服务和运营的角度来看,哪些单元可以归为一类?

要素会随着磨损消耗被拆分吗?

模块还能进一步合并吗?

哪些单元可以实现
多功能、多用途?

哪些模块可以很好地
应用于其他领域?

根据模块化原则,
划分的标准可能是什么?

汽车制造：简单源于模块化

通过有针对性的模块组建实现简单化，这在汽车制造中早已是常见的做法。在很多汽车企业，不同的车型常常是在同一个生产平台上制造的。这种做法在大众、斯柯达、菲亚特、福特、沃尔沃、雷诺、日产、现代、起亚和保时捷等公司已很普遍。

平台是汽车的技术基础。一款共用平台的基本特征是底盘和驱动装置。两辆或多辆汽车在多大程度上使用同样的部件往往各不相同。通常在同一条流水线上生产结构相同的汽车，只是在品牌标识、散热器格栅和车前灯方面有所不同。由于拥有不同车身的车型具有相同的固定点，因此，车轮悬架、发动机、变速箱等技术部件可以按照模块化原理灵活地进行更换。

▶ 在工业领域，模块构建是标准化的根本基础，而标准化可以简化生产并降低开发成本。

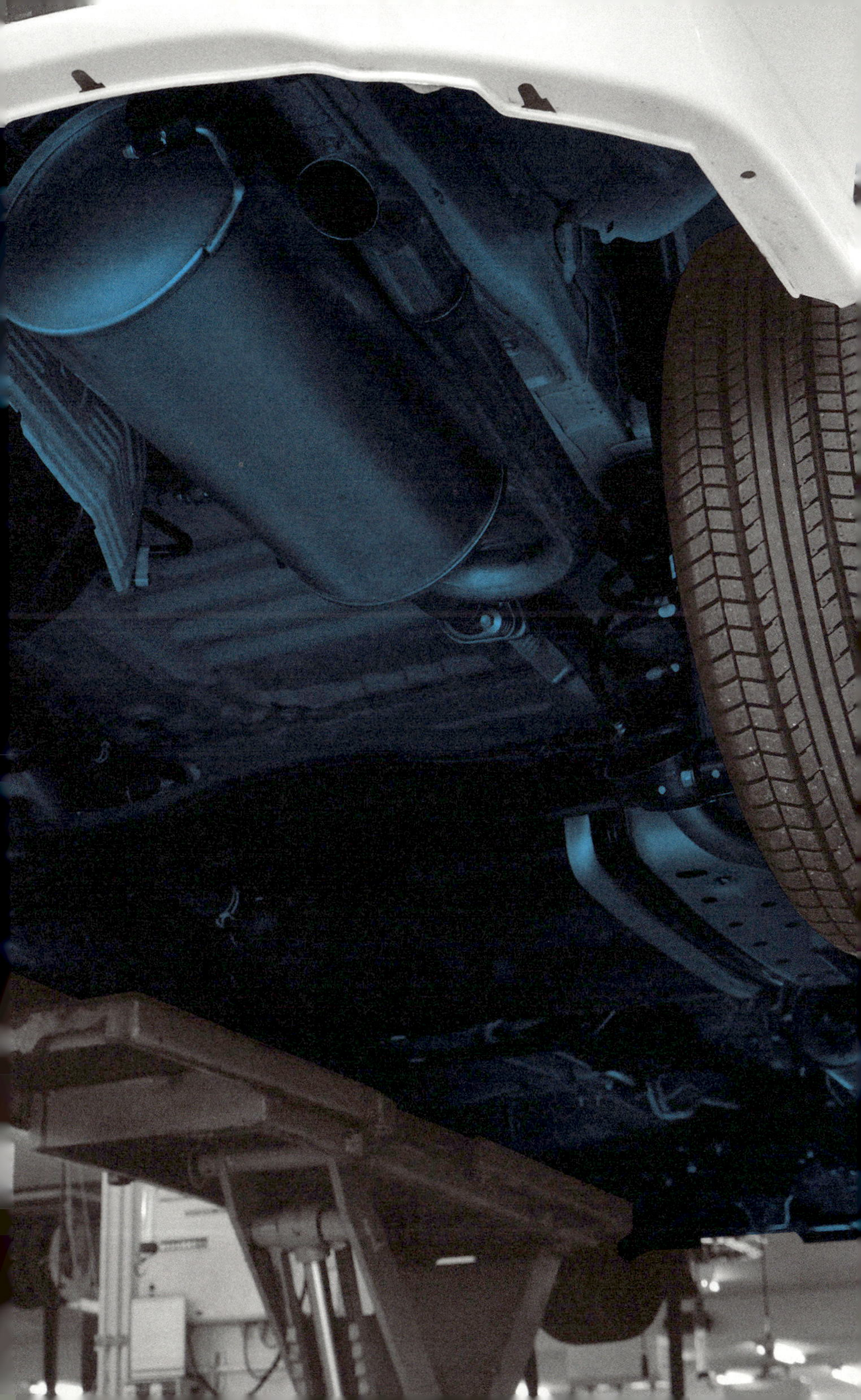

案例
凡事皆始于小

操作简便、应用灵活、功能多样、易得性高:"构建模块和小单元"策略可以促就成功。

系统家具

由模块组成的系统家具为用户提供了极大的组装自由,同时,由于形式上的简化,系统家具也展现出了令人意想不到的丰富功能。对于家具生产商 USM Haller 而言,一个简单的镀铬球就是模块化的起源。利用管子和其他元素,用户就可以拼装出个性化的家具。

软件包

模块在软件包中的应用已经基本成为一种标配。除了为初学者提供的软件包基础配置外,用户还可以追加购买具有附加功能的软件模块,这些软件模块通过输入产品密钥即可激活使用。要么使用功能受限,要么使用时间受限的软件试用版,也同样适用这个原理。在购买前能够试用软件或逐步扩展软件功能,能让用户感到更加便利。用户无须理会那些自己不需要的功能，这样带来的结果是：按键减少，所需的存储容量降低，透明度提高。

服务包

模块化服务包不仅应用于设备、机器和计算机，综合性大学和应用技术大学的课程设置也是模块化的。这样，学生可以根据自己的需求，选择自己希望深入学习的专业。这些课程模块还可以互相协调配合，让学生能够分阶段完成学业。

假期旅行

渴望度假的人们可以通过模块化预定的方式实现自己的梦想假期。机票、酒店、交通、环岛游等，旅行者将这些满足自己需求的构件组合起来，就是自己向往的旅行。

运输工具

在服务领域，运输工具、输送系统和铁路系统彼此纵横交错，人们可以根据需求和应用灵活选择。

预制装配式住宅

预制装配式住宅正在蓬勃发展：20世纪90年代末，在所有新建的房屋中只有5%是预制装配式住宅，而如今这一比例已经上升至20%。预制装配式住宅是工业化预先制造的，它们被分批运往施工现场，并在那里进行组装。不同生产商生产的预制装配式住宅有着不同的完工阶段，原则上可以分为两类，即交钥匙房和自建房。交钥匙房的内部装修是由业主负责的，而对于自建房而言，生产商只是将建筑构件送往施工现场，由业主全权负责房屋的装配工作。

图像处理

现代图像处理应用程序把复杂的设置变成了标配的功能，用户无须进行复杂的特殊操作，就可以直接使用这些功能。

3.4.3 "区分多数与例外"策略

如果你经常网购,那你一定对这些情景非常熟悉:假设你是来自瑞士的顾客,每次进行网购时,你都要费力地滑动"无穷无尽"的国家列表下拉菜单,直到在索马里、斯里兰卡、圣基茨和尼维斯、圣卢西亚、苏里南、斯威士兰等国家或地区的后面,才找到瑞士。值得注意的是,这些还是位于德国、奥地利或瑞士的在线商店里。

▶ **根据频率划分优先,根据用途划分功能。**

运用"区分多数与例外"的策略可以极大地方便大多数用户的订购过程。因此,如果把实际下单最多的国家放在国家列表的最前面,那就更有意义了。在位于中欧德语区的网店里,国家列表的顺序不应该从阿富汗、阿尔巴尼亚、阿尔及利亚、美属萨摩亚开始,而应该将德国、奥地利和瑞士放在最前面。对该地区用户来说,先将这些国家单独列出,再将全球中的其他国家列在后面,是最合理也最便捷的做法。

"区分多数与例外"策略让我们日常生活中的很多事情都变得更简单。对于搭乘火车的旅客来说,因为队伍前面的人持续在柜台前咨询票价和其他特殊情况,从而导致有可能错过火车的日

▶ **如果有意识地按照多数和例外的原则来设计流程和工具，对于大多数用户来说，应用将得到明显的简化。**

子已经不复存在了。如今，不同柜台负责解决不同需求已成为惯例。对于大多数已经知道自己想要做什么的旅客来说，他们的需求可以在柜台前得到迅速处理。而对于想要得到具体建议的特殊旅客，则需要在其他柜台花费更长的时间。

"区分多数与例外"策略也能让人们在自动售票机上更便捷地购票——这与所有人都相关，包括那些不在互联网购票的人，或者在互联网上找不到自己想要的票的人。自动售票机屏幕上会首先出现人们最常去的目的地，对于大多数旅客而言，这种菜单导航更方便，可以节约操作时间。只有在特殊的情况下，即人们需要购买前往不常见目的地的车票时，才需要完成繁琐流程的全部步骤。

超市为只购买了少量商品的顾客设立了快速结账通道。通过自动取款机上的快捷键，你可以快速便捷地取到与上次取款数额相同的现金。在计算机上启动 Word 程序，你会发现菜单里只有最主要的功能，因为如果同时显示所有的功能，那么输入区域就没有空间了。在电视机遥控器上，日常实际需要使用的按键比那些用了很多年也不知道到底是做什么的按键设计得更大。

"区分多数与例外"策略尤其适合需要经常处理高负荷或对

时间有严格要求的任务情况。由需要量化的数据来确定多数与例外，因此，该策略主要用于简化现有情况。如果该策略用于新设计，则需要提出假设，进而在实际操作中用真实数据进行检验。

▶"区分多数与例外"策略能够根据情况对重复性任务或程序进行优化调整，从而节省时间，避免无用的工作。

帕累托法则，或 80/20 法则，对确定多数与例外情况非常有帮助。帕累托法则描述了一种统计学现象，即 80% 的成果是由 20% 的投入产出的，而剩下 20% 的成果则需要 80% 的投入。

▶帕累托法则很清晰地表明，80% 的销售额仅仅来自 20% 的用户，或者 80% 的产品只需要 20% 的努力就能产出。

关于"区分多数与例外"策略的启发式思考

能够对多数进行清晰的描述并进行定量吗?

Kann eine Masse klar beschrieben und quantifiziert werden?

哪项工作或功能最常见?

Welche ist die häufigste Tätigkeit oder Funktion — was wird nur selten benötigt?

哪项工作或功能很少被需要?

在现有的标准程序中,最不常见的10种特殊情况是什么?

在整个流程中,有哪些典型的慢要素和快要素?

可以识别出哪些典型的行为模式?

在80%的情况下需要什么，在20%的情况下需要什么？

一天、一周或者几个月内应该生产、销售或处理什么？

租借和共享

"区分多数与例外"策略可以促使企业，如五金店，在销售产品之外还提供出租产品服务。这背后的道理很简单，人们通常会购买某些经常使用的工具，但其他很少使用或只需使用一次的工具和设备，大多数顾客都会认为不值得购买。

工匠、农民和个人偶尔需要特殊的机器，如大型冲击钻、拖车、联合收割机、挖掘机、草坪压路机或庭院入口新铺路面所需的振动器。在这种情况下，能够租借相应工具的租赁服务点会让事情变得简单且便捷。这些租赁服务点的工具可用性高、选择范围广，顾客满意度也很高。

现如今，事物以前所未有的方式进行共享，这也可以看作是"区分多数与例外"策略的体现。互联网在其中扮演着重要的角色，由于数字化的发展，人们可以根据自身需要轻松租借到从野营炉到缝纫机等不常用的物品，而不是将自己的地下室塞满。越来越多的年轻人不再想立即拥有一辆汽车，而是更愿意使用共享汽车服务。同样地，他们也不再着急拥有自己的度假公寓，而更愿意通过民宿或其他在线社区市场从世界各地志趣相投的房东那里租房，度过自己的假期。

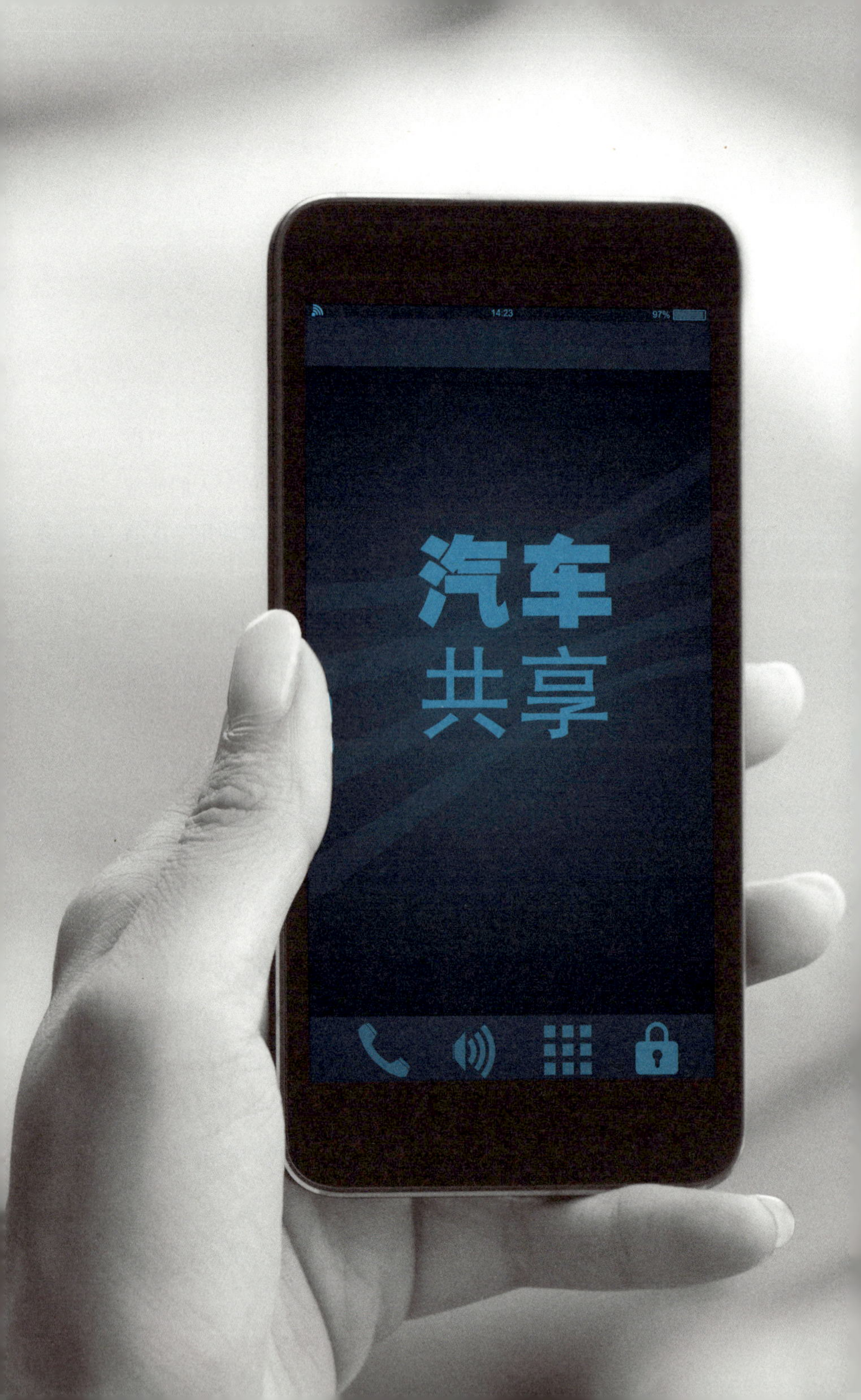
14:23
97%
汽车
共享

和谐区分

让大多数人更方便，对特殊情况特殊处理。有了这一解决方案，人们就可以根据需求有针对性地设计产品理念和服务，将其有效地付诸实践并进行交付。

护照查验

在机场，针对不同国籍的旅客，有着不同的护照查验方式。这种处理方式为广大旅客提供了方便。

加油站

配备卡车专用加油机的加油站为大多数轿车司机加油提供了方便。同样地，收费站分别为卡车和轿车设立单独的收费亭，也加快了办理速度。

医疗保健系统

在医疗保健系统中，全科医生和专科医生之间有所区别。大多数情况下，人们都会首先咨询全科医生，只有在特殊情况下，才会去看专科医生。

共享汽车

诸如瑞士 Mobility 这样的共享汽车公司和平台，让人们有机会驾驶原本无法获得或只能高价租贷的车型。

生产线

长期以来，生产企业一直对其生产线进行划分：所谓的畅销产品生产线即生产标准产品的自动化生产线，特殊产品生产线则用于装配小批量和特制产品。

互联网供应商

互联网供应商不再仅仅依据数据包中包含的数据量进行定价，而是会同时考虑数据传输速度。对于很多用户来说，这是一个更切实的参数。

舱位等级

航空公司根据多数和例外的情况配置舱位等级：经济舱、超级经济舱、商务舱和头等舱。舱位不同，飞机飞行前、飞行中及降落后的服务、舒适度和价格都有所不同。

停车位

大部分汽车可以停在标准停车位，对于电动汽车或像 Smart

那样的小型汽车则可以停在特殊停车位。

呼叫中心

在呼叫中心,来电在通话开始前就已经进行了区分:常见的问询必须按某个键,特殊的请求则需要按其他键。

3.4.4 小结

重组法则

通过改变序列，重新划分子步骤或功能，重新设定优先次序，简化产品、服务和程序。

"建立新秩序"策略

检查你的指令安排和工作程序中现有的要素和功能,并对其进行重新排列。

这是一种广泛适用且经常使用的策略:借助其他辅助工具实现功能并对子步骤进行重组,从而得到简单、高效、灵活的解决方案。

"构建模块和小单元"策略

有针对性地将单元组合成模块或分解为更小的单元。

该策略尤为适合技术、功能和服务可以进行细分的情况。

"区分多数与例外"策略

根据频率划分优先,根据用途划分功能。

该策略能够很好地简化现有事物,尤其是能够根据需要优化重复性程序。

访谈
林特银行
——达维德·萨拉赞

"简化需要信念与毅力。"

银行业注定需要不断简化。作为一家活跃在瑞士东部地区的银行,林特银行(Bank Linth)欣然接受了这一挑战。在访谈中,林特银行首席执行官达维德·萨拉赞(David Sarasin)阐述了简单与用户满意度之间的关系,以及为什么简单能够成为林特银行企业宗旨的一部分。

问：萨拉赞先生，简单对您个人而言意味着什么？

答： 简单的美体现在它是一个多面体。简单不是绝对的，必须对其进行深入研究和细心规划，而且简单最终总是取决于观察者。对一个人而言看似简单的东西，对另一个人来说可能就太过复杂。因此，我认为简单本身并不可取，适当的简单才是值得追求的目标。

问：从银行家的角度来看，您如何定义简单？

答： 对我来说，简单能让用户满意。用户对银行以及对自己与银行的关系有一定的预期。如果用户比预期中更快地得到合适的解决方案，并且付出的更少，那他就会感到惊喜。例如，可以通过易于理解的文件与合同，或者仅保留必要的手续来达到这一效果。银行业实现简化和用户满意的前提是，银行要清楚用户的处境和期待。

问：简单对于林特银行来说有多重要？

答： 简单是林特银行企业宗旨的一部分。我们将这一理念植入我们的宣言和对用户的承诺中："林特银行，真的简单。"我们希望制定的战略计划能够坚持这一原则，也希望在日常业务中能够始终如一地遵循这一原则行事。我们已经意识到，这需要不断地检查和审视联络用户与运营组织的流程，尤其是在这样一个新的法律法规快速引入的行业。

问：同保险业一样，银行业也被很多消费者认为是相当复杂的。是否正因为如此，"简单"这一主题才成为银行的特殊市场机遇呢？

答：最初，银行业务是世界上最简单的业务之一。货币兑换商在银行的柜台上将外币兑换成本币。在往后的几百年间，银行业增加了许多业务领域，部分领域的术语和标准十分复杂。同时，用户的需求也变得更加复杂。但是，银行取得成功最重要的原因之一却一直没有改变，即取得用户的信任。我深信，用户对银行的信任最终取决于用户是否理解银行为他们做了什么，以及为什么这么做。

问：银行如何才能最好地简化与用户的关系？

答：为了做到这一点，银行必须始终如一地从用户的角度出发，并且向自己提出以下问题：用户想达到什么目的，如何制定解决方案以满足用户的期望，以及如何让用户理解？每个简化过程都必须从这些问题出发，并且能够对这些问题予以回答，之后才能着手实施。乍一看，这似乎是一个自然而然的做法，但我们还是首先要学会回答这些问题。

问：银行的产品和服务往往在本质上就具有复杂性，如何对它们进行简化？在这一过程中，人们会面临什么样特殊的挑战？

答：在当今的经济和金融市场中，很多因素都是相互关联、相互依存的。这就意味着，如果简化再进行下去，这些相互作用变得模糊时，简化就达到了极限。世界的错综复杂性也体现在某些银行产品中，而这实际上是事物本质属性。虽然如此，银行也不应该制定过于复杂的解决方案，而应该制定让银行和用户都觉得简单明了的解决方案。

问：林特银行已经启动了许多简化项目。在这个过程中，您积累了哪些经验？

答：简化需要信念和毅力。每个简化项目都需要员工有意愿和决心，去做某些与以往不同的事情，不满足于第一个出现的解决方案，而要存疑和调整工作程序，直至其真正变得简单。除非得到用户的认可，否则如果只是我们作为银行对这一过程感到满意，我们都不算真正实现了简化。

达维德·萨拉赞

合并或整合单元、
功能或子步骤。

3.5
简单化
第三法则:
补充

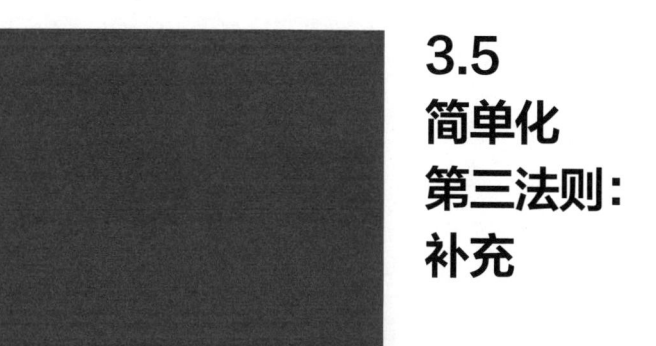

世上本无事，
庸人自扰之。

——《新唐书·陆象先传》

总之更简单

有针对性的补充可以让事情变得更简单。

"简化"不是必然等同于"省略""减少""删除""放弃""最小化"或"分解",证据就是你每天随身携带的东西。你大约每隔18分钟就会看它一眼,并且再也无法想象没有它的生活,这样的东西就是你的智能手机。

智能手机以前叫作移动电话,之所以叫这个名字,是因为人们主要用它来打电话。如今的手机已经变得让人们无法看出它过去的主要功能了。移动电话已成为通用的技术产品,集平板电脑、媒体播放器、数码相机和摄像机的功能于一体。

很多设备和机器都与智能手机一样,经历了技术不断发展的过程。汽车的安全系统和软件程序也是如此,每年它们都会增加新的功能,并因此让很多事情变得更简单,甚至连服务业都没有被排除在这一发展历程之外。

简化一件事情可以通过添加一些东西来实现,这话乍一听令人难以置信。但如果仔细观察就会发现,通过巧妙地增加额外的功能和元素,产品和服务实际上能在许多方面都得到简化。这表现为更好的舒适度、更高的质量以及更简便的操作。运用

"补充"法则的艺术在于,在简单与有意义的补充之间找到一个平衡点。

▶ 运用"补充"法则时,只有在实际实施过程中确保用户没有不堪重负之感,并且依然保持条理清晰时,才真正做到了简化。

3.5.1 "组合事物"策略

▶ **将两个或多个功能或元素组合在一起。**

这一刻终于到来了,你最喜欢的女演员主演的新片首映。你已经阅读了很多关于这部影片的消息,现在终于可以亲眼看到了,你已经迫不及待了。有一点能够十分确定的是,这个周末要去电影院看电影。

首先,要整理好一些东西。最重要的是请一位临时照看孩子的保姆,可是匆忙之间很难找到人手。这时,你突然想起最近听到的一则消息:你所在的城市最好的电影院新推出了托儿服务。如此一来,你的周末可以轻松一些了。

如果你喜欢运动而对电影不太感兴趣,那么你可能会更愿意选择一家带有日间托儿所的健身中心。原因很简单,人们更愿意被有氧健身器材提高脉搏速度,而不是又哭又闹的孩子。不管在电影院还是健身中心托管孩子,其实都无关紧要,重要的是两者都是"组合事物"策略成功应用的很好例证。

我们几乎每天都能从"组合事

▶ **"组合事物"策略用途广泛,往往是新产品或新服务的核心内容。**

物"策略中受益。有时候是有意识的，有时候是无意识的。想象一下家里的多功能打印机，你可以用它打印、复印和扫描，也想象一下剧院首映式的门票，凭借它你可以免费乘坐公共交通工具回家。

假设你要去政府部门申请办理证件，比如护照，如果你没有带照片，可以现场拍照。但放在之前情况会有所不同，你必须费力地把照片寄过去，甚至还要亲自跑一趟。过去，你可能会骑自行车去政府部门办事。而现在，你拥有一辆智能自行车，它的车载计算机会向你发送你的骑行速度和蹬踏频率，能通过 GPS 为你的骑行导航，并为你提供个人健身的分析数据。

所有例子表明，通过巧妙地与附加功能结合，现有的解决方案可以在简单性方面得到优化。

▶ 此前，相互独立的两个或多个功能或元素被组合为一个单元。由此带来的简单性体现在多个方面：可以在更大程度上使用辅助工具，节省时间和成本，提高安全性。

"组合事物"策略经常用于现有的产品和服务。这其中起决定作用的是现有解决方案背景下的技术发展，它使现有事物与新功能或新方案的组合成为可能。现如今，手机与在线服务或云解

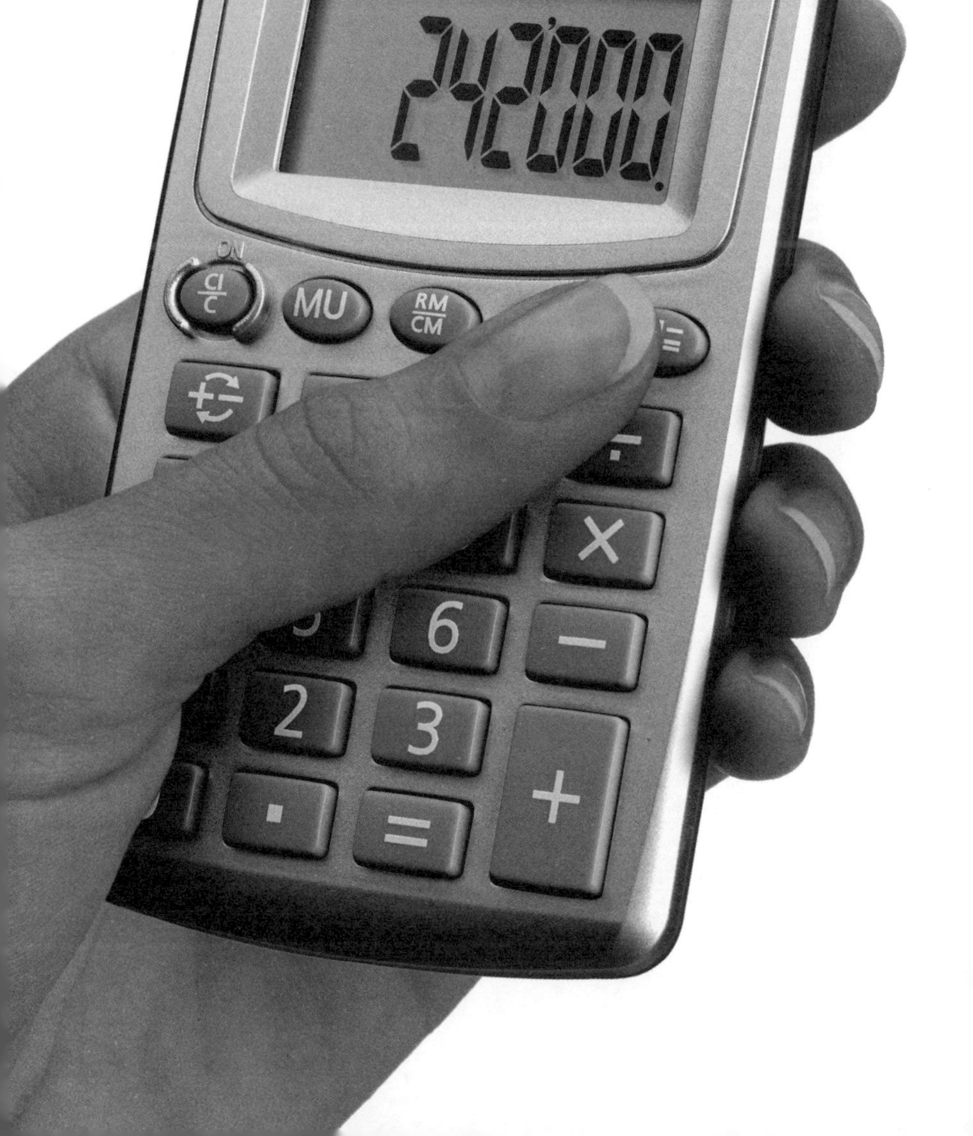
ON
MU
RM
CM
6
2
3

决方案相结合已成为标准做法。你可以在任何地方使用你的数据，而不再需要将这些数据先集中存储在计算机上。当然，此前分别独立开发的两种技术（及由此产生的功能）也可以组合成一个新的单元。在这种情况下，相关人员可能需要在简化产生效果前，先付出一些额外的努力进行培训。

通过功能组合，人们可以设立新标准，这些新标准应是绝对合理的，没有人愿意放弃它们。利用太阳能电池供电的袖珍计算器就是一个很好的例子。但有时候会存在一个风险，即运用"组合事物"策略时不注重简化，而是将功能进行任意组合。因此，制订的计划必须始终清晰明确，应该为谁简化什么，以免事物的组合中无意将现有的情况复杂化。

▶ **正确运用"组合事物"策略，能为企业业绩带来有价值的差异化特征。该策略同样适用于产品和服务的简化。**

关于"组合事物"策略的启发式思考

整个处理过程需要哪些功能一起运转?

在组合中,哪些功能在时间上很重要?

在对两种现有的技术进行组合时,哪些事物可以得到简化?

制定了哪些新标准?这些新标准与现有解决方案的组合看起来怎么样?

可以对哪些现有的标准解决方案进行组合？

为什么要把功能A和功能B区分开？如果二者相结合会怎么样？

如果我们想减少组织工作，那么，哪些东西是属于一个单元的？

为了让用户在使用我们的服务时尽可能感觉轻松，我们应该将哪些东西进行组合？

为了节约尽可能多的标准单元，我们应该将哪些东西进行组合？

案例
将本该在一起的东西组合起来

巧妙的融会贯通不仅是福尔摩斯成功的秘诀,也可以有效地简化产品和服务。

具有聊天功能的在线服务

在线服务非常方便,尤其是可以通过它立即获得所有必需的辅助工具。因此,现代服务提供商将其服务与在线聊天结合起来。这样一来,用户就可以通过在线填写表格等方式即时查询信息,无须先查找电话号码。

紧急呼叫服务

不同机构提供的紧急呼叫系统将老年人或残疾人手腕上佩戴的无线紧急呼叫按钮与家庭电话、附加的免提装置以及各机构的紧急呼叫中心联系起来。这种组合使人们在家中或任何地方陷入困境都能够快速呼救。在按下紧急呼叫按钮后,电话将激活免提装置并与紧急呼叫中心建立连接。紧急呼叫中心通过免提装置与求助者进行沟通。有了这套系统,警报和整个后续流程都得到了极大的简化。

购物车

购物车是用于超市购物的手推车,但它的功能绝非仅此一项,一辆购物车能做的事情还有很多。将其与其他元素巧妙结合,可以产生真正的附加效益。例如,添加一个放大镜,人们可以用它阅读标签上的小字。

加油站

加油站只是用来加油?曾经是这样的。如今,加油站的便利店早已开始提供小范围的生活用品和食品了。

厨房用具

在缺少多功能厨房用具的情况下做饭?当然可以,但却少了一半的乐趣!

自动取款机

人们不仅可以在许多自动取款机上取钱,还可以进行转账或现金存款等操作。

门锁系统

安全实用的门锁系统是机械锁与电子门禁系统相结合的产物。

心率表

有了现代运动手表,人们在慢跑时不仅可以掌握时间,还可以了解自己的心率。此外,还可以测量自己消耗的卡路里、奔跑的速度、步数、走过的距离及征服的海拔高度。

导航系统

如今,汽车也有了自我学习的导航系统。以特斯拉为例,自动更新数据的功能也可以服务于其他用户。此外,该导航装置与专家系统相连接。

3.5.2 "增加用法"策略

▶ **可以为现有的解决方案补充一个元素或一项功能。**

增加用法？比如，为手机增加照相功能或为打印机增加复印功能。再讲一遍？这不是与"组合事物"策略的内容一样吗？

我们不得不承认，上述质疑很有道理。"组合事物"策略与"增加用法"策略之间存在着细微的差别，因此，很容易让人混淆。

二者的核心区别是，"组合事物"策略将两个或多个独立运转的事物组合为一个新事物。例如，健身中心受到喜爱运动的家长的欢迎，孩子们格外喜欢在游戏室里玩耍。如果将健身中心与游戏室放在同一屋檐下，那么全家人都能在周末感到身心愉悦。

又如，手机可以自行工作，数码相机也是。如果将二者组合起来，就会得到一样新东西——现代智能手机。

"增加用法"策略则有所不同。

以罐头为例，它非常实用，只是有时候要打开它有点麻烦。人们需要开罐器才能打开罐头，但是开罐器不一定就在手边。有

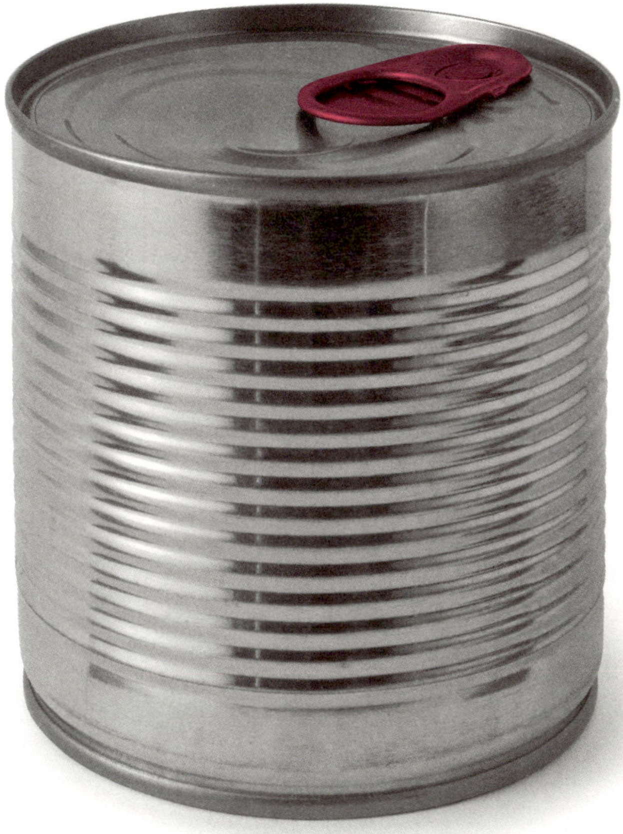

▶"**增加用法**"**策略是指,用本身没有任何实质用途的元素或功能来补充现有事物,且原有产品的主要功能得到了保留。** 了罐头盖上的金属环,人们不用工具就可以轻松地打开罐头。单独的金属环本身并没有什么用处,只有与罐头结合起来,才能发挥它的作用。虽然现在罐头更容易被打开,但它的主要功能并未发生改变,仍然用于密封贮存食物。

"增加用法"策略非常适合进入"简化产品和服务"的主题。

在实施过程中,可以将用户和供应商很好地进行整合。此外,在与行业外的团队合作中,新解决方案和其他收益的范围也得到了扩展。

▶ **很小的举措就能实现有效的改变。但是,运用这种策略实施的简化通常并不彻底。**

关于"增加用法"策略的启发式思考

在使用这些或那些设备时,经常妨碍我们的是什么?

还有哪些设置或配置可以简化应用?

为了简化操作,我们应当做些什么?什么总是必不可少的?

哪些错误总是发生？为了让这些错误不再重复出现，我们可以做些什么？

为了让工作更快速、更优化并且不出错，我们可以做些什么？

案例
自从有了它

无须重新发明轮子就可以让事情变得更简单。有时，一个锦上添花的小举措就足以增加某件事情的附加值，从而使其得到关键性的简化。

压纹胶带

要整齐地扯断胶带通常需要借助剪刀、小刀或胶带切割器等工具。但是，如果在胶带的一面加上连续的压纹，人们就可以随时随地轻松撕下胶带，无须借助任何工具。同样的原理也适用于预冲压的门票、箔纸和方便袋等。

快拆

人们没有必要为了修理东西总是随身携带工具。自行车上的快拆可以让人们快捷、方便地完成组装工作。通过在车轮或坐杆上安装快拆装置，人们就无须使用扳手了。

停车场信息屏

信息屏不仅向前来停车的司机指明了如何前往最近的立体停

车场，还显示了当前车位的占用情况。

充电器

充电器上的附加开关可确保线圈不会处于低电压状态，从而可以轻松省电。

U 盘赠品

会议参与者可以将存有会议报告内容的 U 盘带回住所，U 盘也可以用来储存个人数据。

酒店

酒店走廊上的导语和标志便于宾客辨明方向。为了使宾客清楚自己在酒店外的方位，方便宾客活动，酒店会向他们提供印有酒店周围慢跑道的示意图，便于他们跑步时随身携带。

牡蛎

牡蛎是一种美味佳肴，但打开牡蛎壳并不是件轻而易举的事情。但有了开牡蛎的工具，人们就可以不费吹灰之力地打开牡蛎。首先，你需要在牡蛎壳上小心地钻出一个孔或用激光打出一个孔，然后再用热蜡封上，此时就可以毫不费力地刺入蚝刀，轻松开壳。

信用卡

信用卡上粘贴照片更易于识别持卡人的身份。

零食

谁不喜欢偶尔吃点零食呢？相应地，大杂烩零食包也很受人们的欢迎。不过，如果将不同的零食分装在不同的托盘中，让消费者在享受零食之前可以随心所欲地混合搭配零食，那就更实用了。

3.5.3 "隐藏事物"策略

▶ **对产品的补充应该做到，只有最重要的功能可以直接使用，其他功能仅在需要时可见。**

空调是个实用的产品，这句话的前提是，人们不会因操作空调而汗流浃背。虽然用户知道空调的工作原理很复杂，要营造良好的室内空气，需要压缩机、冷凝器、过滤器和阀门等不同部件的精密配合，但用户并不想看到空调装置本身。人们只希望空调能够提供从调节室温到优化湿度和空气过滤等多种功能，也不希望空调遥控器上的按钮多到令人不知所措。

现代空调装置能够越来越好地满足人们对一目了然的设计和不言自明的工作模式的需要。因此，空调遥控器通常只是显示在正常操作中真正需要的一些按钮。这使对设备的直观操作成为可能，并大大减少用户的输入错误。

简单直观的操作和精简的设计不会给用户带来任何困惑，并且隐藏了并非真正重要的东西，这是产品成功的决定性因素。想想过去的翻盖手机，再想想如今的智能手机对隐藏策略的成功运用，只有在实际需要时，智能手机的屏幕上才会显示键盘。现在

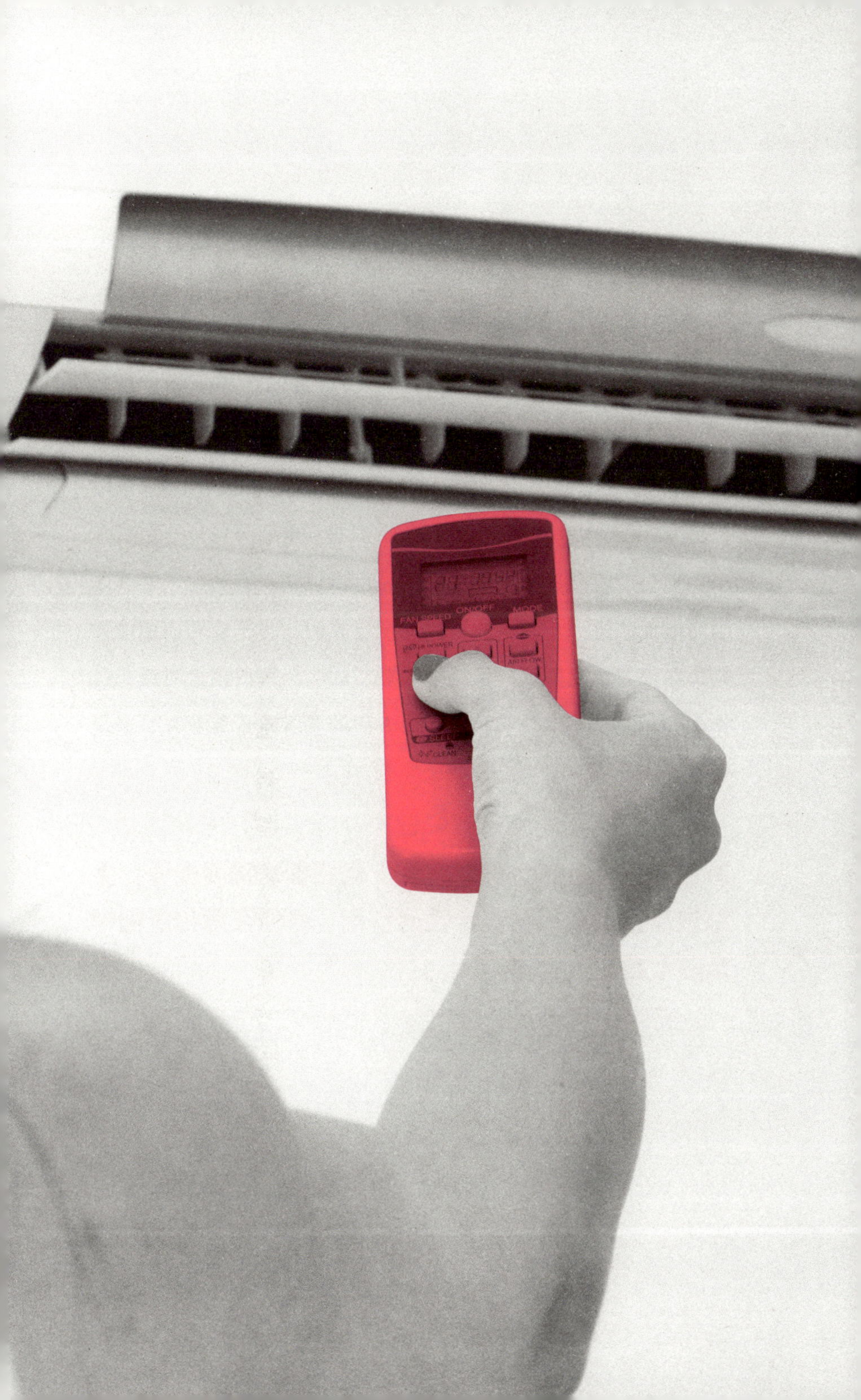
FAN SPEED
ON/OFF
MODE

▶**"隐藏事物"策略对生产商而言是一个挑战，其难点在于正确区分功能与要素。产品的可及性、可视性和可用性与"隐藏"相互竞争。** 还出现了特殊的翻盖智能手机，只显示屏幕的特定区域，如此一来，吸引机主注意力的信息量就会持续降低至最小值。即使在你自己的智能手机里，你所安装的应用程序最终也是为了凸显某些功能，淡化或隐藏其他功能。

通过"隐藏事物"策略，产品可以成功得到简化，尤其是当功能无法进一步减少或可以完全省去时。为了成功应用该策略，在任何情况下都应保持全局观。因为，即使用户对设备操作中的相关功能十分赞赏，其他方面的要求对于专业人员来说仍然十分重要。

▶**事先必须明确为谁而简化，哪些要求需要优先。主题设计在此发挥着决定性的作用，必须在简化过程中及时考虑。**

关于"隐藏事物"策略的启发式思考

哪些功能是最
常被需要的?

哪些是绝对特
殊的功能?

哪些功能和元素是
应用的重点?

哪些功能是设置或校
准所必需的,但却并
非经常需要?

哪些功能或元素在任何情况下都不能被隐藏?
哪些是典型的附加功能?

什么会影响全貌,是设计和全局观吗?

哪些功能、按钮、显示或调节器从卫生的角度来看是特别需要注意的,哪些是特别易坏的?

什么东西不能用与其他部件相同的材料制作?

案例
盲目理解

在可见的元素和功能与隐藏的元素和功能之间找到适度平衡，是许多产品成功的重要原因。

RFID 标签

无线射频识别技术（Radio Frequency Identification，简称RFID）通过电磁波对物体进行自动、非接触式识别与定位，让许多人的工作都变得更加轻松。越来越多的产品标签在背面安装了RFID安全组件。人们看不到这些安全组件，但它们却能可靠地完成保护产品不被偷盗的任务。这里重点隐藏的是一个与采购决策无关的功能，但对供应商来说却十分重要。

缩短域名

一方面，带有详细产品信息的长域名对于在搜索引擎上获得良好的排名十分重要。但另一方面，太长的域名很难让人记住。因此，有专门提供缩短互联网地址的服务，让域名只有几个字母组合而成。而在这种简短的组合背后，隐藏着长长的常规名称。

汽车发动机舱

车辆的发动机舱通常与外界隔开，重要的组件也被很好地隐藏起来，以至于没有经验的司机根本不知道发动机舱在哪里或要调节什么。发动机舱应由专业的技术人员进行调节，这样可以大大降低出现错误的风险。

软件程序

现在的软件程序都是采用下拉菜单的结构，只有主要功能才能直接出现在界面上。附加功能或附加信息则位于子菜单中。即使在复杂的程序中，也让定位得到了极大简化。

洗碗机

如今，很多洗碗机的外部已经没有可见的控制装置了。只有底部的 LED 灯显示工作状态。

电视机和音响

电视机可以通过装配面板或升降功能隐藏起来。音响可以设计为图片或墙面元素的形式，在一些情况下，人们已经无法直接识别它们的功能了。

导航系统

车辆中的导航系统和其他控制元件只有在需要时才会启用。

机器中的控制单元

机器中的控制单元（或车载电话）都隐藏在面板后，只能通过附加单元从外部进行操作。这样就简化了设计，只有真正必要的功能和单元才直接可见。

墙暖

墙暖隐藏在镜子后面，这样就看不到暖气管了。

花园洒水器

花园洒水器位于地下，只在需要时才会伸出地面。

3.5.4 小结

补充法则

合并或整合元素、功能和子步骤。

"组合事物"策略

将两个或多个功能或元素组合在一起。

该策略用途广泛,往往是新产品或新服务的核心内容,并且能带来重要的差异化特征。

"增加用法"策略

可以为现有的解决方案补充一个元素或一项功能。

通过该策略,很小的举措就能实现有效的改变。

"隐藏事物"策略

对产品的补充应该做到,只有最重要的功能才直接可用,其他功能则仅在需要时可见。

该策略取得成功的关键在于正确区分功能与要素。

现有的事物被
新的事物替代。

3.6
简单化
第四法则:
替代

简单是
成熟的
结果。

——弗里德里希·冯·席勒

如何替代

有时只需更换一个细节,就能让整体得到明显简化。

你新买的婴儿车真棒!可拆卸的安全杆、带观察窗的晴雨两用车罩以及无限调节靠背,一切都那么完美!但要是轮子再大一点就好了。那样的话,这辆超棒的婴儿车就可以直接在石子路上行驶了。

有些简化策略采取激进的方式,将不合适的东西直接删除,而不作替换。替代法则没有那么彻底。

还是回到你新买的那辆婴儿车,无须对婴儿车的结构进行根本调整就能提高你的满意度,只需调整一些细节的东西就可以让整个婴儿车用起来更加方便。

▶ 我们在这里研究的是,如何用新的事物替代旧的事物,从而使整体得到简化。

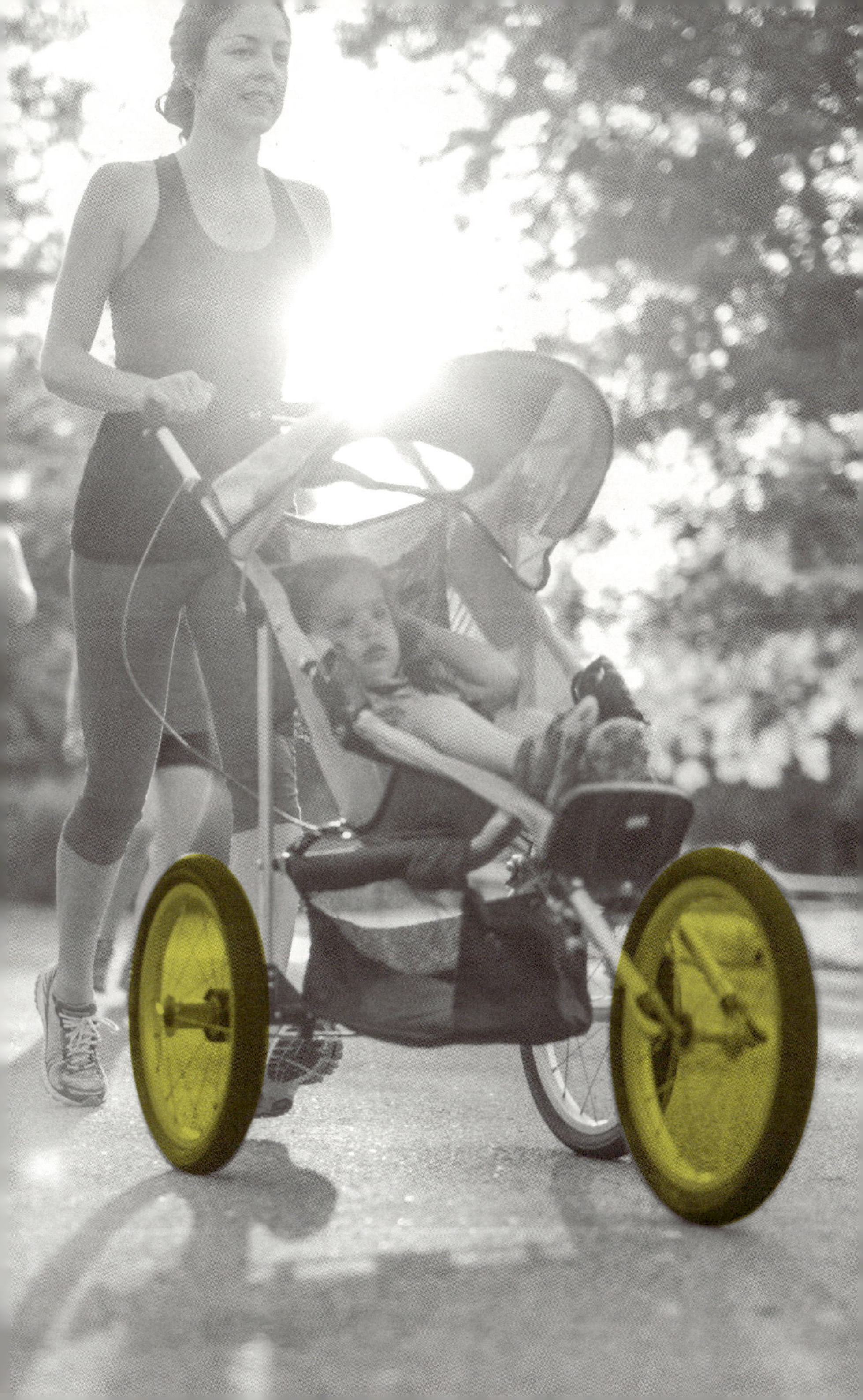

3.6.1 "想象基本事物缺失"策略

▶ **现在重要的，而且看似不可缺少的元素和功能被暂时删除。**

有些事情是无法改变的：吸尘器需要集尘袋、风扇需要叶片、房子需要电源。

果真如此吗？"想象基本事物缺失"策略对那些被认为是颠扑不破的"真理"提出质疑。这种带有挑衅性的方法可以带来极具创意的简化方案，并且已经有人证明了这一点。

1979年，英国设计师、发明家和企业家詹姆斯·戴森（James Dyson）对自己的吸尘器感到非常恼火，因为集尘袋中的脏东西越多，吸尘器的吸力就变得越弱，于是他怀着狂热的信念坐在绘图板前。5年间，戴森研制了5000多个模型，并最终将第一个无须集尘袋的吸尘器推向市场。无叶风扇也早已问世，这一充满未来感的产品同样由詹姆斯·戴森设计。通过一个小技巧，造风的电机被置于风扇底座，这样做有诸多好处：空气不再振动，无须再费力地清洗叶片，避免了刮伤手指的危险。

没有电的房子也同样存在，它们位于瑞士温特图尔市附近的布吕滕镇。小镇入口处的9户人家没有接入公共电网，实现了能

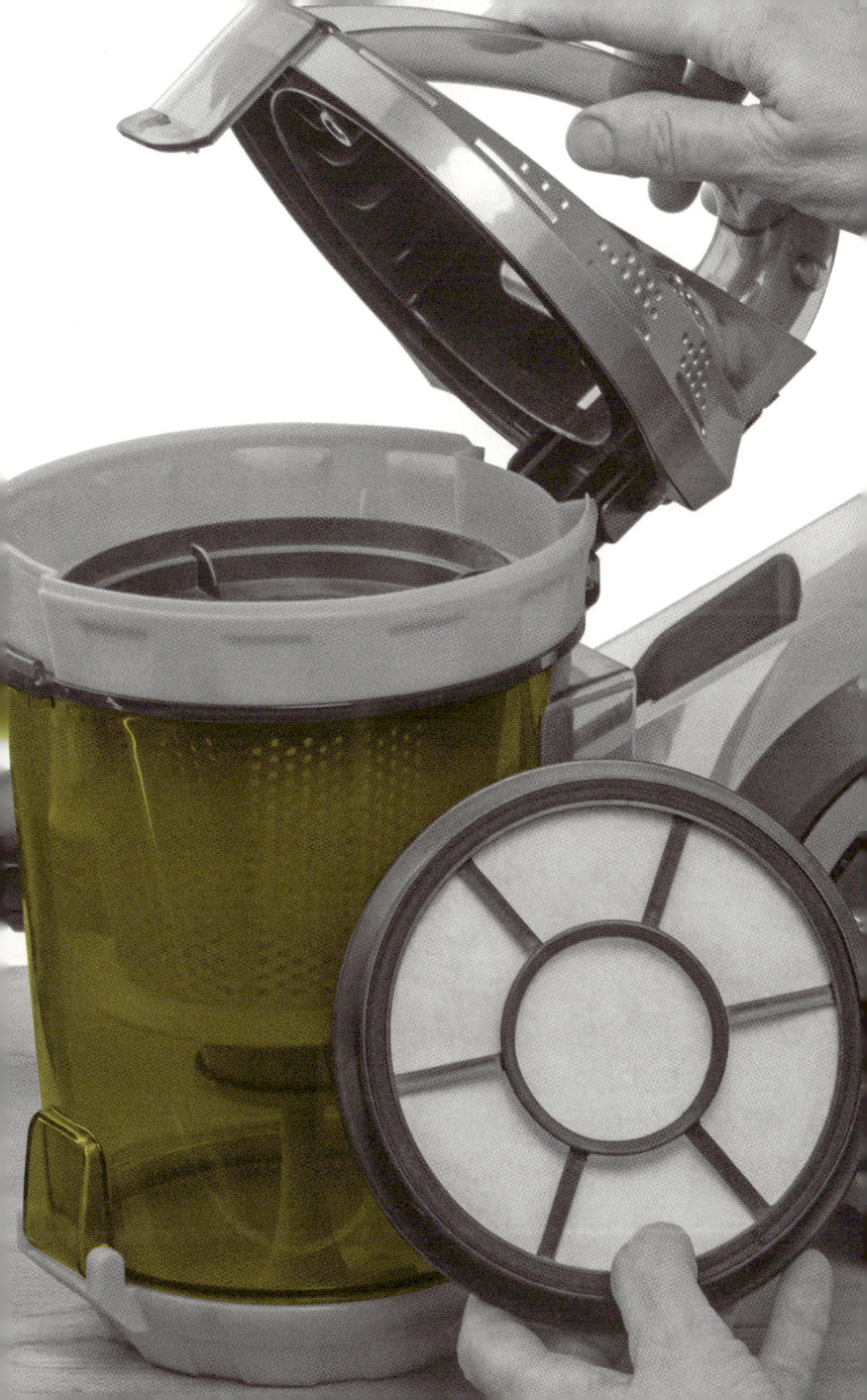

源的自给自足。在没有石油和天然气的情况下，他们也能应付自如。同时，房屋内也没有修建内部可以燃烧柴火的壁炉来取暖，住户需要的所有能源都取自太阳。为实现这一目标，房屋建造者应用了各种先进技术。尤其是在房屋外墙安装能够发电的光伏元件，以及短期存储系统和长期存储系统之间巧妙的相互作用，确保了住户在需要时能够随时使用能源。

"想象基本事物缺失"策略与"精炼"法则下的"精简内容"策略有何区别？很简单，运用"精简内容"策略时，那些可有可无或不再适合的元素与功能将被删除，不作替换。而运用"想象基本事物缺失"策略时，人们会有意识地对产品或服务的核心要素提出质疑。这种假设性的思维方式，这种对不可能的戏谑，是创造过程的起点。简而言之，你在脑海中想象一下删掉一些最基本的东西后，会发生什么。

成功运用"想象基本事物缺失"策略的前提是，对要简化的产品、服务或程序有充分的了解。该策略一旦开始运转，就能产出很多解决方案，而且这些方案通常都极具创意。但需要注意的是，不是每个方案都能实现理想的简化。

▶"**想象基本事物缺失**"**策略这一极具挑衅性的方法可以激发创造性，启发横向思考，并且能够经常带来具有远见卓识的替代方案，从而实现简化。**

关于"想象基本事物缺失"策略的启发式思考

在缺少主要工具的情况下,我们如何达到理想的目标?

如果我们不再亲临现场服务用户,那么我们的服务是怎样的?

如果我们的销售渠道不再可用,这对我们而言意味着什么?

在保证结果相同的前提下,可以对现有程序做出哪些替代调整?

可以使用其他材料吗?

在热销产品缺失的情况下,我们该如何获得同样的成功?

案例
没有什么不可替代

昨天看上去必不可少的东西,明天就不会再有人想起。"想象基本事物缺失"策略是推动前瞻性创新的强大动力。

机器人光栅

工业机器人不仅让体力劳动变得更轻松,而且提高了经济效益。但是,它们也给人们带来了危险,因为按照目前的技术水平,它们还不能感知其所处的环境。因此,栅栏和防护网等隔离保护装置在过去被视为必须采用的措施。而现在,光栅、光网、光幕及传感器等新技术让固定安装的保护装置失去了用武之地。在灵活性和生产效率方面,新技术具有明显的优势。

葡萄酒容器

谁说葡萄酒一定要装在瓶子里?带真空袋的密封纸盒具备了取代葡萄酒瓶的所有前提条件。它使消费者能够更方便地存放葡萄酒和清理葡萄酒包装,同时也降低了生产成本。现如今,有一些优质的葡萄酒也被储存在这种新容器中。

无充电站的电动公交

公交车需要在公交站台持续感应充电。用许多小型充电器替代固定充电站，可以显著提高电力驱动的续航能力。

笔记本电脑扩展坞

笔记本电脑的蓄电池不再总是通过单独的插头充电。越来越多的笔记本电脑通过扩展坞进行感应充电，之前的插头连接也就被淘汰了。

环岛交通

20多年前，人们还无法想象在繁忙的十字路口没有交通灯的情景。现在，人们对环岛交通早已司空见惯。经典的交通灯正越来越多地被取代。

钥匙柜

汽车维修店或汽车租赁公司墙上的钥匙保险柜，使员工无须在车辆验收和顾客取车时一直在场。

3.6.2 "改变维度"策略

▶ 产品和服务可以通过改变一个或多个维度得到简化，这个维度可以是物理维度，也可以是时间维度。

有些产品确实非常好，质量上乘、工艺无可挑剔、使用户获益颇深，然而我们对这些产品并非完全满意。遥控器上的按钮有点小，蛋黄酱的管口太窄了，婴儿车的轮子还可以再大一点。总而言之，许多基本上没有瑕疵的产品，操作起来并没有想象中那么容易。

因此，该策略的重点始终是：如何通过改变维度来简化使用流程？用户在使用产品时应当感到舒适且合乎逻辑，直观且正确的使用是重中之重，它使用户满意度总能在简化过程的最后得到提高。此外，该策略还可降低风险并更快地解决问题。

另外，改变维度并不意味着一定要将某物放大，一定程度的缩小也能实现理想的简单。过去几十年中，德国最成功的折扣商店证明了这点——奥乐齐对"最小化艺术"的运用已经

▶ "改变维度"策略尤其适合为消费者简化产品操作或服务使用。

到了炉火纯青的地步。奥乐齐的创始人一开始就从根本上削减了店铺销售的产品种类。削减之后，一家分店只保留300多种产品。这种刻意减少产品供应种类的做法最终被证明是成功的决定性因素之一。即便在今天，奥乐齐也没有像自己传统超市的竞争对手那样，提供四五种不同的苹果、黄油、洗涤剂或番茄酱，而是不同商品只提供一两个品种。虽然提供的产品种类较少，却具有无可比拟的低廉价格，这让购物变得轻松而简单。

▶ **改变时间维度，可以让事物，尤其是服务得到简化。更宽松的时间限制，供应与时间脱钩，可以使用户更方便地使用服务。**

电子政务就是这方面的一个很好的例证。电子政务即通过数字通信技术来简化政府机构与公众之间的程序，尤其是在互联网成为新的信息和互动渠道的当下。对公众来说，这样做的好处在于可以通过24小时服务窗口进行预约，几乎可以"全天候"地联系到行政机关和管理部门。同时，政府机构也可以利用新技术简化许多流程，实现自动化，从而释放出更多的精力用于其他领域。

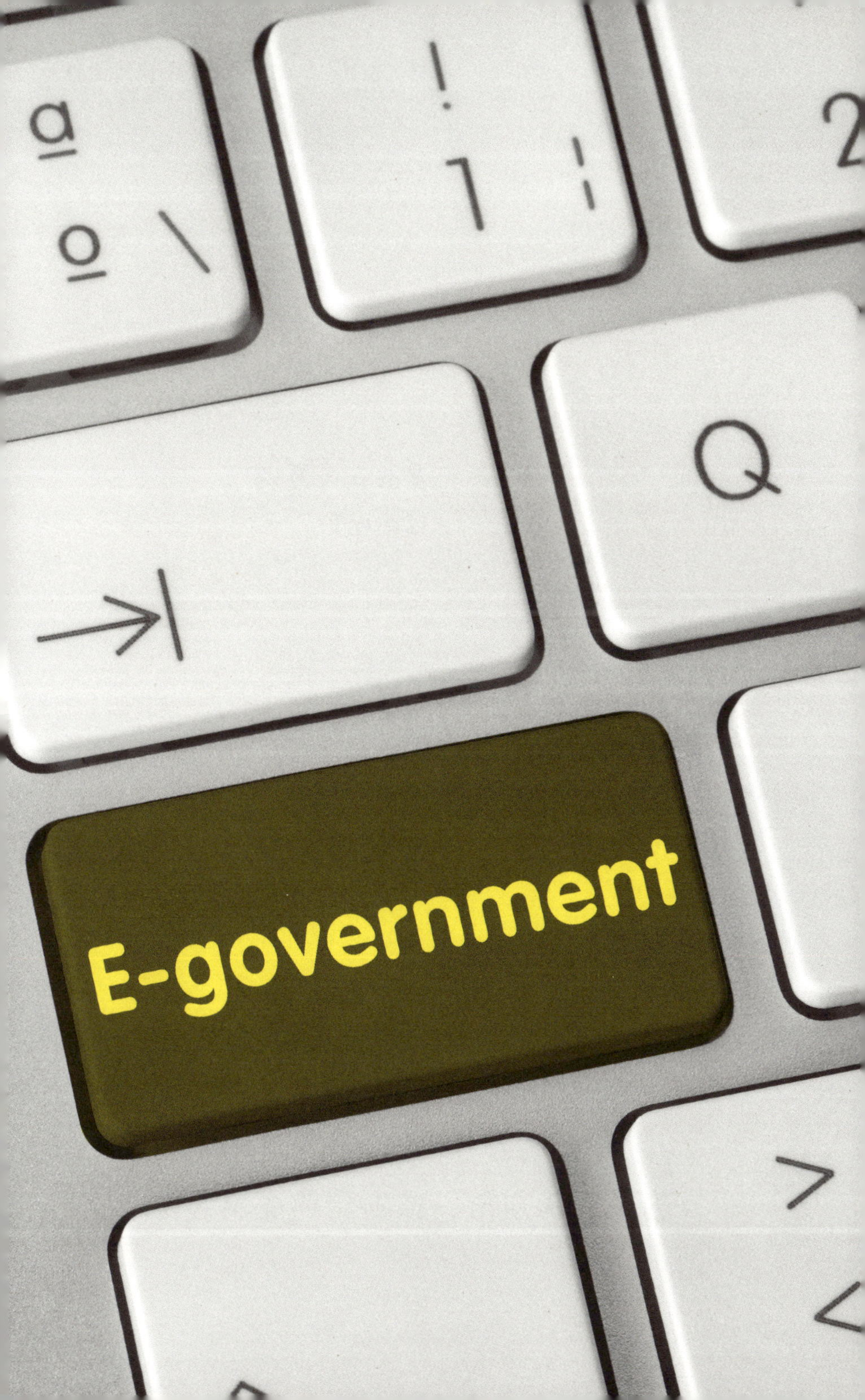
E-government

关于"改变维度"策略的启发式思考

某些东西可以
缩小吗?

哪些部分可以
扩大?

为了简化应用,该如何改变形式?

如何在更短的时间内获得想要的结果?

如何把它变得更轻?

如何才能处理得更快?

消费者如何才能更好地对产品进行存储、开箱、拆包和清洗?

可以更经常地做某事吗?

案例
简单的新维度

不管是更快、更轻,还是更大、更小,最关键的是最终的结果让用户感觉更简单、更方便。

开关

电梯、公共汽车或火车上的按钮,以及公寓和办公室的电灯开关,基本上都变得越来越大。这产生的结果是,人们能够更容易而且更快地看到它们,从而方便所有年龄段的人更好且更安全地使用。

折叠自行车

折叠自行车的轮辋尺寸缩小了,人们可以轻松地将其放入后备厢。

闹钟

对于日常用品,以闹钟为例,应当凸显其最重要的功用——表示时间的数字应比日期或温度等相对来说不那么重要的信息数字更大,这样显示屏上的时间才更容易读取。

快递柜

快递柜可以放宽对收件人的时间限制。包裹不需要在固定的时间内交付，也不再强制要求收件人第一时间在场。

报纸和网站

在报纸上，重要标题和总结性导语的字号比不那么重要的事实性叙述的字号要大。这样一来，对读者的引导就容易很多。网站也采用了同样的法则，与不重要内容的链接相比，重要报道和操作元素都会以更突出的方式呈现。

产品开口

管子、罐子和其他容器往往很难打开。有时需要花费很大力气或借助剪刀等辅助工具才能获取内在的东西。如果厂家扩大封口的尺寸，产品可以更容易被打开。这样既降低了消费者受伤的风险，也减少了他们不满情绪的产生。

果汁瓶口

果汁通常比其他饮料要浓稠。相应地，果汁瓶口也更大，这样可以让人们更方便地喝到瓶中的果汁。

拣选系统

支持语音的拣选方式越来越多地应用在交易中。语音拣选处理订单的速度要快于普通的对话方式。训练有素的员工完成单个订单的速度明显提高,从而使整个拣选过程的产出更大、效率更高。

邮件

节假日期间,邮件可以保存在邮局。这就改变了投递的时间维度,使收件更加方便。信件和包裹的取件单也被取消了。

3.6.3 "理念迁移"策略

你知道沐雾甲虫吗?这种不起眼的小爬虫属于拟步甲科,约2厘米左右,却拥有引人注目的长腿。沐雾甲虫需要这些长腿支撑自己身体的其他部分尽量远离炎热的沙子。因为沐雾甲虫多生活在非洲西海岸的纳米布沙漠,这里不仅是世界上最炎热的地区之一,也是最干燥的地区之一。

▶ **其他领域或行业的哪些理念可以迁移到自己的业务领域,从而使事情变得更简单?**

这种昆虫之所以能在极度干旱的环境中生存下来,是因为它们能通过自己的背部从空气中吸收水分。为此,沐雾甲虫每天早晨都会进行一个特殊的仪式:这些小小的生存艺术家会爬上沙丘的顶部,做出杂技式的倒立姿态,并使身体保持平衡,迎风伸展自己的背部,用背部截取晨雾中的水分。在此过程中,它们背部甲壳的独特结构发挥了重要作用,其立体起伏的微结构能够使雾滴很好地附着在背部,水珠变大后,将从凹陷处滚落到沐雾甲虫的口中。

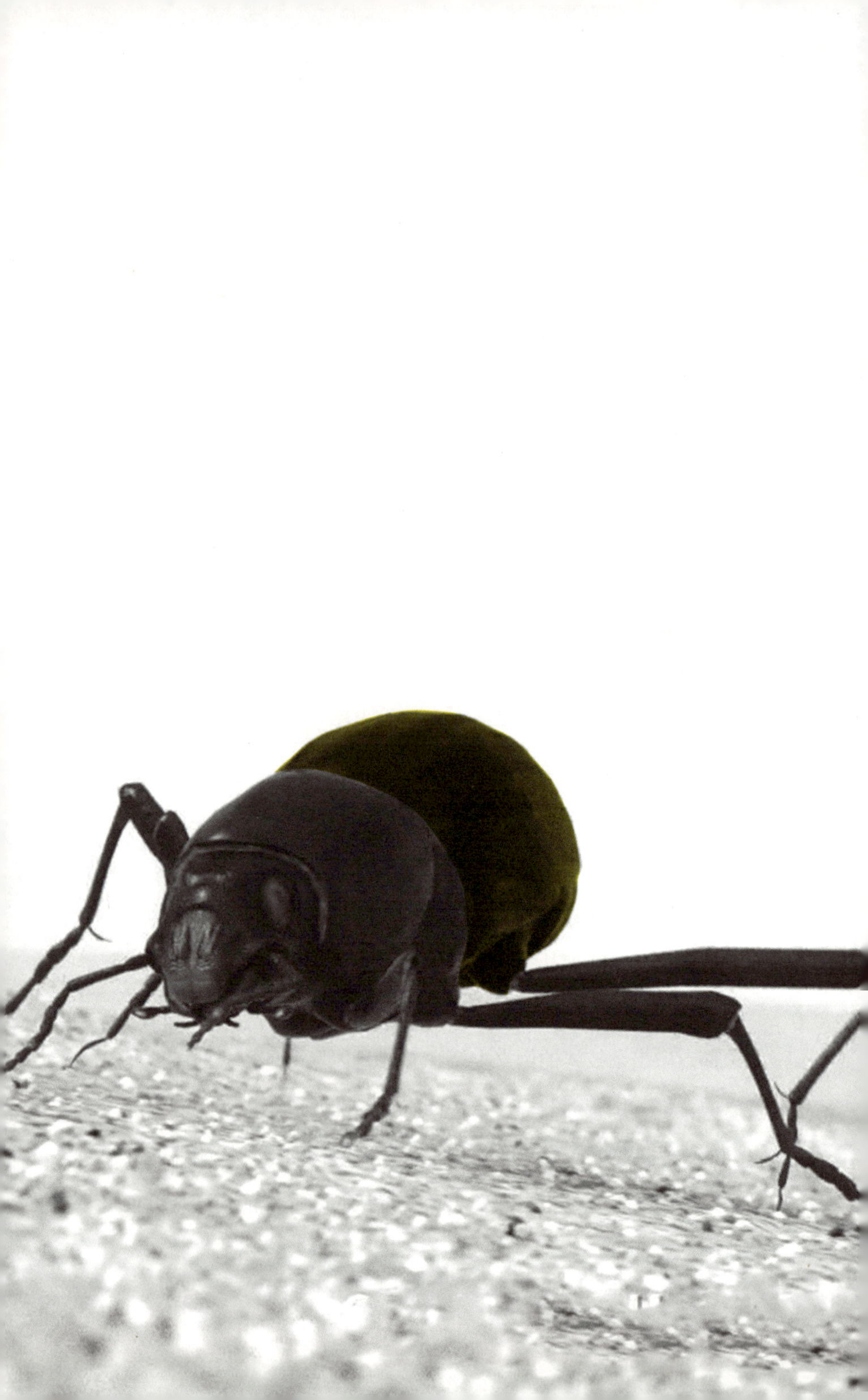

研究人员向沐雾甲虫学习，开始将类似的原理运用于干旱地区获取饮用水。在秘鲁和智利之间的阿塔卡马沙漠边缘，人们采用一种特殊的取水技术，安装了以沐雾甲虫为原型的立体捕雾网。人们利用纳米技术复制沐雾甲虫的背部结构，从而从空气中汲取水分。

这种方法在科学上称为仿生学。仿生学将生物学与技术结合起来，进行跨学科合作，目的是通过对从生物模型中获得的知识进行提取、迁移和应用，来解决技术问题。

"理念迁移"策略也是依据同样的原理。对从其他行业、产业、市场、产品和服务中衍生出的功能原理进行分析，并有针对性地将其应用在我们自己的产品和程序开发中。换句话说，将外部的理念作为技术简化和自身产品服务创新的创意模型。

▶"理念迁移"策略围绕两个核心问题展开：服务、产品或程序背后的理念是什么？如何将这个理念抽离出来，并迁移到自己的业务中去。

与仿生学相比，"理念迁移"策略不仅仅从自然界中寻找模型，街角的面包师也可以成为灵感的来源。从其他类比理念中衍生出适合自身领域的理念，是一个行之有效的成功秘诀，它已经简化了我们日常生活中的许多事情。如果你喜欢在家上网，那么你应该已经注意到：过去使用互联网是按分钟计费的，十分烦琐；现如今，互联网按统一的标准收费，网上冲浪变得方便实惠，但这背后的理念却并不新颖，人们早已从滑雪季票、游泳池季票、健身房会员或汽车租赁中了解到这一理念。你的互联网供应商以"创新"的资费模式赢得了你的青睐。事实上,它其实只是成功运用了"理念迁移"策略,除此之外,并无其他。

关于"理念迁移"策略的启发式思考

过去2~5年间,其他行业有哪些新理念和新方式值得我们学习借鉴?这对我们来说意味着什么?

是否有来自自然界的启发,让我们可以创造性地优化我们的技术解决方案和生产流程?

我们能否从他人的成功法则中获益?

在过去几年中，哪些服务或产品让我们感到兴奋，这背后的原理是什么？

某个功能的核心或其背后抽象化的理念是什么？

其他行业如何解决这些问题？

其他行业有什么适合我们的理念和规则？

拐角处的蔬菜商在用户服务方面有什么闪光点？我们可以从中借鉴什么？

案例
别人能做到的事，我们也能做到

他山之石，可以攻玉。下面的案例可以证明这一点。

仿生学

受仿生学启发而产生的创意中，最著名的两个例子可能是魔术贴和莲花效应。魔术贴通过勾刺进行固定的原理受到了针尾草果实的启发。莲花效应是指莲叶表面显著的自洁效应。其他例子还包括：柚子独特的果皮结构具有减震效果，可作为摩托车头盔的结构模型；海豚之间的交流方式是工程师开发水下无线通信调制解调器的灵感来源；黏合薄膜通常采用的无黏合剂黏合的纳米结构，实则借鉴了壁虎脚掌的结构。

黏合剂

在新技术的帮助下，人们已经开发出不仅可以应用于汽车和飞机制造，还可以应用于建筑行业的黏合剂。在这种情况下，"连接"的基本理念已经不再是通过铆接和焊接的方式实现，而是通过黏合剂来实现。

无气轮胎

无气轮胎,即所谓的非充气轮胎,消除了司机对爆胎的恐惧,让备胎和维修工具失去了用武之地。这种轮胎的核心技术是由一种新型专利合成材料制成的蜂窝状结构。最初,美国军方特别希望有一种近乎无懈可击的军用轮胎,供危机情况和战争时期使用。同时,这一理念也被迁移到工程机械上,从而实现了更便捷的操作,并减少了停机的时间。

收益管理

收益管理模式(差别定价的一种特殊形式)正从酒店业迁移应用到其他领域,如运送滑雪者上坡的缆车。

租赁服务

如今的租赁服务可谓五花八门:汽车、滑雪板、电影设备、游船,甚至奶牛。

长期订购

人们不仅可以订购公共交通或剧院的长期票,还可以长期订购剃须刀、袜子、新鲜鸡蛋、果篮、面包等。

混合动力驱动

目前,混合动力驱动已被应用于机车、船舶和汽车制造中。

包装

飞机的轻量化结构原理被迁移应用到包装的组件上。

自行车内胎

自行车的内胎可以从自行车店门前的自动贩卖机中取出,就像香烟或糖果一样。

GPS 定位

车辆的 GPS 定位可以迁移应用到你想追踪的动物身上。

3.6.4 小结

替代法则

现有的事物被新的事物替代。

"想象基本事物缺失"策略

现在重要且看似不可缺少的元素和功能被暂时删除。该策略具有挑衅性的方法可以激发创造性，启发横向思考，并且能够经常带来具有远见卓识的替代方案，从而实现简化。

"改变维度"策略

产品和服务可以通过改变一个或多个维度得到简化。该策略尤其适合为消费者简化产品操作或服务使用。

"理念迁移"策略

其他领域或行业的理念可以迁移到自己所在的业务领域。该策略利用从其他产品和服务中抽象出来的理念来简化自己的产品和服务。

通过分散注意力和娱乐活动,或利用熟悉的事物来提高感知到的简单性。

3.7
简单化
第五法则：
感知

少即
是多。

——路德维希·密斯·凡德罗

感觉就是好

简单与感觉有很大关系。运用适当的策略，可以有效提高人们所感受到的简单性。

想象一下，你正在用户热线的一端焦急地等待，这种感觉非常折磨人。尽管你的耐心早已消耗殆尽，但电话里令人焦躁的语音，依然持续不断等待的"嘟嘟"声，或者响起梦幻般的排笛声，开始吹奏电梯里经常播放的《依帕内玛女孩》。

时间飞快地流逝，在等待的过程中，热线中可以播放企业专门制作的有声名片，以独特的创意、有价值的信息及恰当的音乐来分散用户对无聊等待的注意力，甚至为品牌推广持续地做出贡献。例如，黑森州体育联合会鼓励来电者在等待的过程中利用电话听筒和办公椅参加一次小型的体育训练，让来电者的心情变得舒畅，而且这种令人喜爱又风趣幽默的对话，完美地契合了这个黑森州体育俱乐部伞式组织的核心职能。

根据你在等待过程中的感受，用户热线会在你的记忆中留下无聊、愉快、复杂或简单的不同印象。即使实际等待时间没有差别，也会出现这种情况。因为正如你所知，简单并没有一个客观的衡量标准。简单始终是一个人或群体基于个人经验并从个人角度出发做出的评价。

　　简而言之，如果用户认为一件事情是简单的，那么它就是简单的。因此，这只是一种感知的简单。

　　接下来，我们要介绍"感知"法则下两种截然不同的策略。在第一种策略中，我们要对时间或感知时间进行观察，如何缩短时间或怎样做才能缩短感知时间；第二种策略则试图将已知的东西连结起来，为观察者提供一个基准点。

▶**复杂的程序也可能被用户认为是简单的，当程序进展很快或用户对某些方面已经很熟悉时。**

3.7.1 "缩短感知时间"策略

▶ **让用户忙碌起来并分散其注意力，可以缩短他们感知到的流程所需的时间。**

坦白地说，没有什么比在收银台前排着长队，在电话里听到还有四个来电者在等待，或者看着老旧的计算机缓慢地启动更无聊的事情了。如今，没有人愿意等待。我们生活的座右铭是：我此时此刻就要得到它。

正是在这样的背景下，"缩短感知时间"策略就产生了效果。

在成功应用"缩短感知时间"策略的过程中，用户的心理因素扮演着十分重要的角色。例如，下载或其他计算机程序的状态显示（进度条）能够表明加载过程的进展程度。时间、百分比或纯粹的视觉表现形式，都可以让用户估计安装还需多长时间。这些虽然并不能缩短等待时间，但却能让用户感到加载过程变得更加简单了。

即使不知道完成一个动作需要等待多长时间，使用动态图像元素也是有意义的，也就是人们所说的

▶ **当一件事情需要的时间很短，或者说比预期的时间短，就会被自动认为是简单的。**

动态浏览图示。一个被广泛使用的动态浏览图示是所谓的旋转轮，Safari、Opera 及火狐浏览器都经常使用这种图示。热气腾腾的咖啡杯动画也能达到同样的效果。虽然这样的图形动画无法让用户得知自己还需要等待多久，更不要说能实际减少等待时间，但它们却清晰地表明，计算机正在继续积极工作，并没有卡顿。这让用户获得了一定的控制感，同时让他感到整个安装看上去变得更简单。

在公交车站也可以看到同样的场景。如果人们在等公交车，却又完全不知道它什么时候到站，那么即使只有几分钟，也会感觉等待非常漫长。如果显示屏上的信息可以告诉乘客下一趟公交车到达的具体时间，那么等待就会变得轻松。

无论是计算机用户还是公交车乘客，对他们而言，事情之所以变得更简单，不仅是因为自己感知到的时间缩短了，而且还源于所体验到的安全感。正因如此，自动确认邮件早已成为网店的标配。在一个原则上不再受用户控制的过程中，快速反馈正变得越来越重要。邮件送达了吗？订单接收了吗？WhatsApp 的信息是否已被阅读？虽然技术进步开辟了越来越多的沟通渠道，但用户的不安全感并没有因此而降低。在这个过程中，不好的体验、技术洞察力的缺失和更高的质量要求都增加了这种不安全感。快速反馈则会让用户感到更确定，用户无须跟进，也不用付出额外的努力，因此，对用户而言，这一技术过程让生活变得更简单了。

▶ 现在，人们已经常常在使用"缩短感知时间"策略，但这一策略仍有很大的潜力，特别是在中小企业、管理部门和内部流程中。

Linie	Ziel	Abfahrt
6	Matthof	🚌
7	Biregghof	1'
22	Luzern Bahnhof	3'
14	Horw Zentrum	4'
1	Kriens-Obernau	4'
8	Hirtenhof	5'
73	Luzern Bahnhof	5'
7	Biregghof	9'

Schwanenplatz

关于"缩短感知时间"策略的启发式思考

如何以及在哪些地方可以为用户缩短等待时间?

能否以图形、声音或触觉的方式显示过程的进展?

Welche Informationen, die für den Kunden interessant sind, könnten ihm zur Überbrückung der Wartezeit gegeben werden?

可以提供哪些令用户感兴趣的信息来帮助他们消磨等待时间？

Wie könnte die gefühlte Wartezeit bis zur Leistungserbringung verkürzt werden?

如何缩短服务提供前的感知等待时间？

用户能否在等待时间内做些有意义的事情?

能否在等待时间内完成下一步的工作?

如何分散用户的注意力?

用户能否参与到提供服务的过程中来?

案例
缩短感知时间

简化过程有时遵循与娱乐业相同的规则。以下案例说明了如何通过分散注意力和娱乐来缩短感知时间。

公共交通

在公共交通工具的屏幕上播放新闻和广告片可以在感知上缩短行驶时间。

游乐场

为了缩短游客在游乐场排队等待的感知时间,应让游客在游乐场里尽情娱乐、享受。行走在队伍中会说话的布偶、播放火车动态图像的监视器、小吃摊、带有提示信息的显示屏,这些都会缩短游客感知的等待时间,并让人们感到放松。

电影院

现在,几乎没有一家电影院愿意放弃暂停休息时间,毕竟,他们不愿剥夺观众在小吃摊前额外消费的机会。但并非每个影迷都喜欢电影被中断。在瑞士,人们通过在银幕上播放倒计时、开展轻松、有趣的有奖抢答，来缩短等待电影再次放映的时间。

呼叫中心

恰当的音乐、有趣的信息和原创投稿让呼叫中心的来电者在等待过程中更有耐心。

候诊室

没有人喜欢去看病。候诊室里的报纸和杂志分散了人们对即将到来的问诊的注意力，并缩短了感知的等待时间。

服务窗口

邮局、银行及火车站服务窗口的信息屏可以分散人们的注意力，并缩短感知的等待时间。

购物

托儿服务缩短了孩子在父母购物时的感知时间。同样，在乘坐渡轮航行和长时间的乘船旅行过程中，游戏室可以让孩子们的旅行变得更加轻松、愉快。

3.7.2 "采用熟悉事物"策略

▶以熟悉的事物为蓝本，并将其与现有事物相联结，从而实现对产品、服务和程序的简化。

汉堡王、Fielmann 眼镜店及 Waldis 文具店之间有什么共同点？这个问题，不管你思考多久答案是：乍看之下，它们之间并没有共同点。那么麦当劳、McOptik 眼镜店及 McPaperLand 文具店之间有什么共同点吗？虽然这 3 家也同样分别是快餐连锁店、眼镜连锁店和文具连锁店，但答案却一目了然：这 3 家店的突出特点都是产品价格便宜。

从这个例子中可以看出，"采用熟悉事物"策略可以很好地运用到命名中，使企业的定位更加清晰。名字前面带有"Mc"或"Mac"的，通常代表"低价"；名字后面带有"24"的，则表示营业时间长，或者是网上商店。iMac、iPhone 和 iPad 在全球范围内大获成功之后，名字前带"i"的产品被认为是创新的、现代的且易于操作的。其结果是，从 2000 年到 2010 年，有近 11 万个首字母为"i"的商标被注册。尤其是在新经济时期，人们可以一次又一次地察觉到新的命名趋势，因为对于初

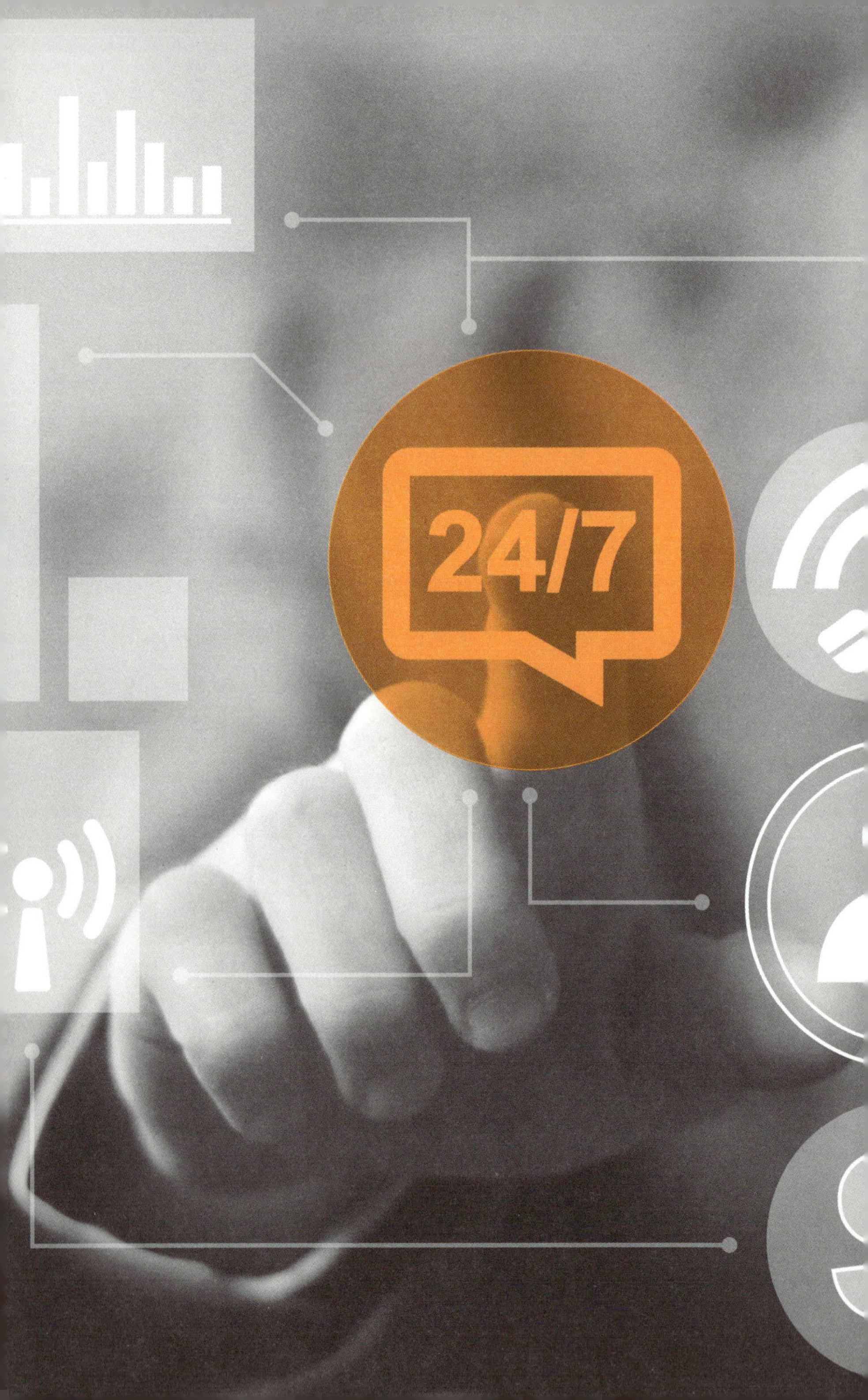
24/7

创企业来说,"与时俱进"的形象尤为重要。有段时间,名字中间带有两个字母"o"的很流行,如 Yahoo、Google、Doodle、Squidoo;之后,名字中间带有大写字母的单词组合开始流行起来,如 YouTube、LinkedIn、WordPress、BuzzFeed;再之后流行在名字中省略个别元音,如 Flikr、Tumbrl、Grindr。最新的流行趋势是什么?是非常普通的人名,如 Alfred、Oscar、Benny 或 Clara。

"采用熟悉事物"策略不仅常常在命名过程中得到广泛应用,而且在实施价格模型时也能得到成功应用。在航空旅行中,人们普遍接受了几乎没有人和邻座的乘客支付同样票价的事实。航空公司尝试通过需求导向系统——收益管理来优化票价。这种差别定价的方式也应用于酒店业或滑雪缆车的运营商。直到几年前,大多数滑雪场的滑雪证周一和周日的价格还是一样的。但现在,人们则对不同的时间段收取不同的费用。如果你经常去电影院看电影,你也会对这种定价方式感到熟悉。因为很多电影院在一周中的下午或晚上都会推出优惠票价,其中,周末的票价是最高的。

无论是命名还是差别定

▶**一个人会试图将自己所看到的、经历的和吸收到的一切与自己熟悉的某些事物划归为一类。与熟悉的事物一起工作,有助于让用户感到简单。相反,要适应新事物或未知的事物,通常需要转化并付出一定的努力。**

价,"采用熟悉事物"策略背后的作用原理都是相同的。

"采用熟悉事物"策略现在已被广泛使用,但往往都是无意识的。如果更自觉、更有针对性地使用这一策略,那么它在简化方面的潜力将是巨大的。

关于"采用熟悉事物"策略的启发式思考

可以采用哪些准则或行业标准?

用户已经熟悉的事物是什么?能否将它们用于产品、服务、显示或程序中?

是否有其他领域的已知定价模式可以为我所用?

简单化

哪种符号可以代表一个行业、一个产品或一种服务，能不能用它为自己定位？

可以从其他领域运用什么大家都熟悉的事物？

什么听上去像什么？什么看上去像什么？

不用重新摸索的事物

熟悉的事物对用户来说就是简单的,这种认识对新产品和新服务也具有价值。

操作符号

如今,播放、快进、暂停和开/关的符号无处不在。这些符号不再只用于音乐播放器,它们还出现在厨房电器和软件产品上,并成为一些公司标志的一部分。久而久之,这些符号就成了大家都知道的通用符号。

USB 插头

USB 插头已成为外围设备标配,这让制造商和用户感到更加方便。

交通信号灯

交通信号灯已被国际社会普遍接受,并且世界上绝大部分地区的交通信号灯看起来都非常相似,这使人们即使在国外开车更方便、更安全。

纸张规格

DIN A4 是欧洲的纸张标准。美国和亚洲则通用其他规格的纸张。

软件

如果你了解一个软件制造商的基本结构，就知道同一制造商生产的其他软件通常是相同或相似的。这样，你不需要额外的知识就可以轻松操作新的软件。

国际标准

工具、安全规则、接口、电子元件、厨房、无线移动通信网等方面的国际标准，使全球贸易变得比以往任何时候都更容易。

警示信号

红色一般作为警示颜色使用。

WordPress

无论是网站的内容管理，还是博客的建立与维护，WordPress 基本系统的结构总是相同的，这也成了一种标准。

裁剪设计

你会时不时坐在缝纫机前工作吗？如果会，那你肯定会为始终不变的裁剪设计而感到高兴。

连锁酒店

在连锁酒店中，如低价连锁酒店 Motel One，每个酒店的服务流程总是一样的。如果你住过其中一家酒店，你就会对这个连锁品牌旗下的所有酒店的流程都熟悉了。

编程接口

多亏了应用编程标准化接口（APIs），软件系统的程序块可以提供给其他程序，使其他程序与系统相连接。因此，Facebook 或 Twitter 的用户可以直接登录其他软件，不同的系统也只需要一个密码。

3.7.3 小结

感知法则

通过分散注意力和娱乐活动，或利用熟悉的事物来提高感知到的简单性。

"缩短感知时间"策略

让用户忙碌起来并分散用户的注意力,可以缩短他们感知到的流程所需的时间。

该策略在管理部门、中小企业和内部流程中可以得到尤为成功的应用。

"采用熟悉事物"策略

以熟悉的事物为蓝本,并将其与现有事物相联结,从而实现对产品、服务和程序的简化。

如果更有针对性地使用这一策略,那它在简化方面的潜力将是巨大的。

访谈
德国电信
——雷扎·穆萨维安

"简单是创新最重要的驱动力之一。"

德国电信（Deutsche Telekom AG）旨在成为欧洲领先的电信企业。在下面的访谈中，德国电信数字与创新高级副总裁雷扎·穆萨维安（Reza Moussavian）阐述了这一愿景与简单之间的关系，以及如何利用简单化调整公司的战略发展，并且如何成功地提高管理层对这一问题的敏感性。

雷扎·穆萨维安

问： 穆萨维安先生，简单对您个人而言意味着什么？

答： 对我来说，简单就是激情和愿景。数字世界的图像为用户创造了一种体验：简单、直观、易懂，有时还很迅速。在这背后，是用行动来追寻这一"简单愿景"的激情：改变电信的组织文化，将管理者从"复杂产生权力和认可"的传统中解脱出来，将以应用为导向的简单策略和简单技术引入组织，将简单化的法则在机构中固定下来，并最终从运行时间、满意度指数或价值贡献方面衡量简单的价值。

问： 在德国电信的战略中，简单有多重要？

答： 德国电信的愿景是"领先的欧洲电信公司"。最好的用户体验是我们战略的核心组成部分，要做到这一点前提条件是实现简单。简单始终是我们的3大核心品牌价值之一，它植根于我们的企业文化理念，也是我们数字创新最主要的驱动力之一。举一个"简单"的例子来说明简单在我们战略中的重要意义，在德国，我们有一个明确的品牌认知，就是我们使用的绛红色。其实，我们今天都不需要什么名字和标志了，当然，这些我们都有。我们的用户、合作伙伴和竞争对手仅凭颜色就能认出我们，这还不够简单吗？

问： 恰恰是在通信领域，简单对于很多用户来说越来越重要，德国电信是如何应对这一挑战的？

答： 简单是我们品牌战略和品牌传播的动力。近年来，为了方便用户，我们在用户服务方面做了大量工作：一个中心电话号码、一个用户中心应用程序、利用设计思维进行简化的以用户为中心的服务流程，都是这些努力的体现。所有这些为用户进行的简化，最终都是背后组织的结果。因此，这里我们有一个更重要的关注点：就是要改变公司的文化、战略。这些都要从简单的沟通开始。

问：简单的产品是一回事，简单的内部流程是另一外回事。像德国电信这样的大公司和简单能相互调和吗？

答： 产品简单不一定意味着其背后的组织和流程也简单。像iPhone这样操作简单的产品，苹果公司的组织结构却非常复杂。这背后的核心问题始终是，应该怎样把事情变得更简单？用户的简单化和组织的简单化并不总是齐头并进的。我们争取做到这两点，但用户的简单化是我们的首要任务。

问：在一个大公司里，要形成共同的简单化思维，有什么特别的困难之处？

答： 一个大公司必须将价值观和原则在独立于相关行为者的前提下进行内化。这就是一种文化。重要的是，变革不仅要由最高管理层发起，他们还要起到示范作用。除了领导力，固定化也很重要。在日常工作中，简单必须成为一种能够在项目中、人员培养中、内外沟通中都感受到的价值观，否则就没有公信力。没有公信力就无法被用户接受。

问：简单化也是一项管理任务，如何让管理者意识到简单化的重要性？

答：这是一项特殊而又特别"不简单"的任务、管理者用传统的思维模式将复杂性定义为：权限越复杂，职位的权力就越大。我们必须打破这种思维模式和行为方式。与此同时，我们还必须展示，管理者可以通过简单化获得更多的活动、策划和实施能力。我们坚信一种吸力效应，我们支持由那些勇于通过简单化开拓新领域的专业人士组成的"意愿者联盟"。我们向人们展示共同取得的成果，从而鼓励他们进行效仿。这样，一场运动就形成了，从高层到中央再到基层。由于简单在我们的员工中成为一个重要的主题，因此，压力就从基层传导到了高层。

问：您个人作为一个消费者，最近一次因一个不必要的复杂东西而烦扰的是什么时候？

答：我现在正在为建房而忙碌，每天都在为复杂的流程和规定而烦恼，为无法理解的复杂问题而恼火，为因此导致的时间浪费和价值损失而烦恼。

问：您最近一次认为一件事情很简单是什么时候？

答：每次通过德国电信网络拨打电话和使用数据服务时，我都会有这种感受。

简单化总结

▶ 简单化通常是从一个人或一个团体的角度进行的评估,这种评估始终基于个人经验和现有认知,是主观的。

▶ 简单化在提高用户满意度和促进经济成功方面蕴藏着巨大的潜力。

▶ 要实现简单是一件难事,必须投入时间和金钱。

▶ 简单化并不仅仅指删除或减少事物,增加某些内容也可以实现简单化。

▶ 只有获得整个企业对简化战略的全力支持,才能在全公司的范围内实现简单化。

▶ 最重要的问题是:应该为谁进行简化?

▶ 简单化通常是一个反复的过程。用户的观点在其中起着重要的作用。

▶ 必须对想法创意进行认真考虑。这些创意是否"只是"一个新想法，虽然不错，但却无法让任何事情变得更简单，抑或是真正的简化创意。

▶ 不同的策略可以达到相同的目的：将随身携带的尼龙袋放在购物车托架上而不是传统的网兜，这种简化创意可以通过两种策略来实现："想象基本事物缺失"策略和"理念迁移"策略。

▶ 很多时候，为了实现简单化，人们不得不舍弃一些虽然好但却将事情复杂化的功能。这里的问题是，通过简化获得的收益是否比因削减功能而失去的收益更多？

精神错乱就是一遍一遍地重复做同一件事却期待会有不同的结果。

——阿尔伯特·爱因斯坦

出 品 人：许　永
出版统筹：海　云
责任编辑：许宗华
特邀编辑：黎福安
　　　　　王颖越
封面设计：海　云
版式设计：万　雪
印制总监：蒋　波
发行总监：田峰峥

投稿信箱：cmsdbj@163.com
发　　行：北京创美汇品图书有限公司
发行热线：010—59799930

创美工厂
微信公众平台

创美工厂
官方微博